GUIPARANG CLASSIC
세상을 아우르는 고전의 향기

001 알베르티 『회화론』
002 우치무라 간조 『대표적 일본인』
003 미키 기요시 『인생론 노트』
004 최남선 『조선상식문답』
005 이광수 『금강산 유기』
006 후쿠자와 유키치 『학문을 권함』
007 오카쿠라 덴신 『차 이야기』
008 릴케 『젊은 시인에게 보내는 편지』
*** 알랭 『행복론』(근간)
*** 베르그송 『웃음』(근간)

차 이야기

기파랑耆婆郞은 삼국유사에 수록된 신라시대 향가 **찬기파랑가**讚耆婆郞歌의 주인공입니다. 작자 충담忠談은 달과 시내와 잣나무의 은유를 통해 이상적인 화랑의 모습을 그리고 있습니다. 어두운 구름을 헤치고 나와 세상을 비추는 달의 강인함, 끝간 데 없이 뻗어나간 시냇물의 영원함, 그리고 겨울 찬서리 이겨내고 늘 푸른빛 잃지 않는 잣나무의 불변함은 도서출판 기파랑의 정신입니다.
www.guiparang.com

차 이야기

초판 1쇄 발행일 2012년 5월 7일
지은이 | 오카쿠라 덴신
옮긴이 | 이동주
펴낸이 | 안병훈
북디자인 | 김정환
펴낸곳 | 도서출판 기파랑
등록 | 2004년 12월 27일 제300-2004-204호
주소 | 서울시 종로구 동숭동 1-49 동숭빌딩 301호
전화 | 763-8996 편집부 3288-0077 영업마케팅부
팩스 | 763-8936
이메일 | info@guiparang.com
홈페이지 | www.guiparang.com

ISBN 978-89-6523-933-8 03600

차 이야기

오카쿠라 덴신
이동주 옮김

기픈맇 에크리 Ecrit

1장 찻잔에 넘치는 인간성

다양한 문화가 응축된 차   18

서양은 어떻게 차를 받아들였는가?   28

한 잔의 차를, 황폐한 현대세계의 재생을 기다리며   35

2장 차의 유파

차의 3단계; 단차團茶, 말차抹茶, 전차煎茶   40

「다경茶經」, 문화로서의 차의 탄생   44

일본에서 차가 완성되다   53

3장 도교와 선禪

차는 도교에 뿌리를 두고 있다   58

절대는 상대다   63

도교에서 선禪으로   71

4장 다실

이단의 건축   80

다실은 선 정신의 결정체다   86

스키야好き屋, 자기 취향의 집   94

5장 예술 감상

거문고에는 거문고의 노래를 부르게 하라 106

겸허한 마음으로 예술을 감상한다 111

예술에의 경의 115

감상자의 기량品量 118

현대 예술의 의의 121

6장 꽃

꽃에 바치는 애가哀歌 126

꽃을 소중히 133

꽃꽂이를 한다는 것 138

꽃꽂이의 역사 142

차와 꽃 146

7장 다인茶人들

다인이 남긴 것 152

다인의 죽음 157

저자 소개 163

차에 관한 정갈한 이야기

이동주 李東柱

원제原題가 「차의 책茶の本」인 것처럼 이 책은 차의 이모저모를 다루고 있다. 굳이 형용사를 붙이자면 '아주 정갈한' 차에 관한 이야기다. 그러나 이 책의 내용은 단지 차 이야기에만 국한된 것은 아니다. 차를 통해 본 일본 문화의 이야기다.

저자 오카쿠라 덴신岡倉天心이 이 책을 쓴 것은 1906년이다. 1년 전인 1905년 러일전쟁에서 승리하며 일본은 일약 세계의 신흥 강대국으로 부상했다. 덤으로 한반도에 대한 배타적 지배권도 획득해 식민 제국주의 국가의 하나로 이름을 올렸다. 그러나 서양의 눈으로 볼 때 아직 일본은 문화적으로 후진국에 지나지 않았다

당시 동양의 모든 나라가 그랬듯이 서양인들의 눈으로 볼 때 일본의 관습과 문화는 그저 미개를 벗어나지 못한 것, 기껏해야 그저 호기심의 대상일 뿐이었다. 오카쿠라는 당시 미국과 유럽 등을 여행하며 이런 서양인들의 동양 문화에 대한 몰상식을 뼈아프게 느꼈다. 일본 전통 미술의

열렬한 애호가이자 전문가를 자처했던 오카쿠라에게 이는 치욕적인 일이었다.

"일본이 이 평화롭고 온후한 기예技藝에 심취해 있는 사이 서양인은 일본을 야만스런 미개국으로 간주해 왔다. 그러더니 최근 일본이 만주를 전쟁터로 삼아 상대를 섬멸하고 나자露日전쟁 서양인들은 일본이 문명국이 됐다고 말한다. … 전쟁이라는 무서운 영광에 의지하지 않으면 문명국이라고 인정해 주지 않는다면 기꺼이 야만국으로 남아 있기로 하자."

이 책은 이처럼 서양의 자기중심적 태도에 분개한 오카쿠라가 일본 문화의 우수성을 세계에 알리기 위해 쓴 것이다. 그런 사정도 합쳐져 이 책 초판은 영어로 미국 뉴욕에서 발간됐다

그러나 이런 식의 서양 비판에만 머물렀다면 이 책은 한낱 국수주의자의 연설에 지나지 않았을 것이다. 그는 이런 분노를 절제하며 우선 다도를 소재로 택한다. 일본의 많은

교과서도 "다도는 일정한 작법을 알아 주인과 손님이 공감하면서 차를 마시는 일본의 전통문화로서 16세기 후반 센노리큐 千利休, 1522~1591 에 의해 대성했다"라고 학생들에게 교육하고 있을 만큼 일본인에게는 거의 생활과 다름없는 문화다. 한마디로 일본을 상징하는 문화였던 것이다. 그러나 당시나 지금이나 서양인들에게는 참으로 이해하기 힘든 문화다.

오카쿠라는 이처럼 일본인에게 가장 가까우면서도 서양인들에게 생소한 다도에서 일본 고유의 정신을 찾으려 했던 것이다.

이 책은 지금도 일본의 명저 가운데 하나로 꼽히는 것은 책 내용이 일본 다도의 세세한 의식절차나 차의 맛을 설명하는 데 그치지 않고, 일본 다도와 차에 담겨 있는 철학과 정신을 보여주고 있기 때문이다.

그에 따르면 일본의 다도는 단순히 차를 마시는 의식절차가 아니다. 하나의 생활 속에 구현된 예술이며, 살아가는 윤리다. 다도에는 도교의 허무와 무위의 철학이 담겨 있고, 선禪의 정신이 구현된 하나의 종교라는 것이 그의 주장이다. 그러면서도 속세를 떠난 초월적인 것이 아니라, 생활 속에서 도교의 정신과 선의 철학을 표현하는 것이기도 했다

"일본인에게 있어서 다도는 단지 차 마시는 방법의 궁극적인 단계라는 것만은 아니다. 이는 세상을 사는 법을 전수하는 종교인 것이다. … 방의 색조를 흐트러뜨리는 색, 동작의 리듬을 훼손하는 소리, 조화를 파괴하는 몸짓, 주변의 통일을 깨는 듯한 말 따위는 일체 없이 모든 움직임은 단순하고 자연스럽게 행해진다. 다도가 지향하는 것은 이러한 것이다. 그래서 이런 의도는 신기하게도 성취되는 것이다. 그 모든 배경에는 미묘하게 철학이 작용하고 있다. 다도는 모습을 바꾼 도교인 것이다."

오카쿠라는 더 나아가 다도는 목숨을 바칠 만큼의 가치를 지닌 절대선이라고까지 말하는 듯하다. 그는 책 마지막에 센노리큐의 자결 장면을 매우 거룩한 필치로 묘사한다. 다도를 위해 살고 다도에 의해 죽은 센노리큐의 모습은 오카쿠라가 말하고자 하는 다도의 정점을 고스란히 보여준다.
  "그리고 단도의 번쩍이는 칼날을 지긋이 바라보더니 다음과 같이 세상을 하직하는 멋진 시를 읊었다.

  잘도 왔구나,
  영원의 칼이여.
  부처를 찌르고
  달마도 찌르고
  너는 너의 길을 열어 왔다.
  얼굴에 미소를 띤 채 센노리큐는 미지의 세계로 여행을 떠났다."

이 책은 다도에 관한 단순한 설명서는 물론 아니며, 그렇다고 철학서도 아니다. 하나의 수필처럼 쓰였으면서도 하나의 문명 비평서처럼 쓰인 수준 높은 책이다. 그리고 아름다운 문장으로 이루어진 문학서이기도 하다.

오카쿠라의 직업은 다양하다. 근대 문명개화기 일본 전통 미술을 확립한 미술 행정가에다 고미술 수집가이자 일본 전통 미술에 조예가 깊은 미술 평론가이기도 했으며, 시와 희곡을 쓴 문필가이기도 했고, 말년에는 도교와 선을 즐긴 자유인, 낚시에 푹 빠진 강태공이기도 했다. 그런 만큼 일본 문화에 대한 그의 사랑과 이를 문장으로 표현하는 솜씨는 이 책 속에 고스란히 녹아들어 있다.

이 책의 제목은 「차 이야기」이지만 엄격하게 말한다면 일본의 다도를 말한 것이기 때문에 한국의 다도와 다른 점이 많다는 사실도 한국 독자들은 염두에 두어야 할 지 모른다.

한국의 다도와 일본의 다도를 비교하는 것은 역자의 역량 밖이다. 그러나 굳이 설명한다면 일본의 다도가 차 그 자체보다는 차를 마시기 전후의 과정에 더 중점을 두고 있는 듯이 보인다면, 한국의 다도는 차 그 자체를 중시한 것이 아닌가 한다. 따라서 한국의 다도는 일본 다도처럼 특별한 격식을 찾기 힘들다. 여기에는 일본의 다도처럼 다실도 필요 없고, 다회茶會도 필요 없고, 근엄한 대화도 필요 없다. 혼자라도 차를 마시며 깊은 명상에 빠질 수 있는 것이 한국의 다도인지 모른다.

최근 우리나라에서도 차를 즐기는 사람들이 점점 늘어나고 있지만 일부 다도회나 다도 강좌에서 차를 마시는 의식절차를 중시하는 경우가 있다. 이를 두고 일부에서는 일본식의 변형이라고 비판하는 소리가 나오는 것도 이 때문인지 모른다.

그러나 이런 저런 모든 것을 떠나 그 근본으로 들어가면 일본 다도의 정신도, 한국 다도의 정신도 모두 선禪에 가 닿는다.

우리나라의 다성茶聖으로 일컬어지는 초의선사草衣禪師 1786~1866의 사상은 다선일미茶禪一味로 집약되는데, 특히 그의 다선일미 사상은 차를 마시되 법희선열法喜禪悅을 맛본다는 것이다. 즉, 차 안에 부처님의 진리와 명상의 기쁨이 다 녹아있다는 것이다. 오카쿠라보다 76년 앞선 사람인 초의선사는 '동다송東茶頌'에서 다도의 정수를 이렇게 표현했다.

"따는 데 그 묘妙를 다하고, 만드는 데 그 정精을 다하고, 물은 진수眞水를 얻고, 끓임에 있어서 중정中正을 얻으면 체體와 신神이 서로 어울려 건실함과 신령함이 어우러진다. 이에 이르면 다도는 다하였다고 할 것이다."

추사 김정희秋史 金正喜, 1786~1856가 초의선사에게 철명수선啜茗修禪 차 마시며 선을 닦다이란 뜻의 약자인 '명선茗禪'이란 멋진 붓글씨를 써준 적이 있다. 이상적李尙迪, 1804~1865이 찻잔에 떨어지는 물방울을 부처님의 수많은 화신으로 읊었던 것도 차를 통하여 선으로 나아갔던 것이고, 차를 마시면서 선열에 젖었던 예이다.

한국과 중국, 일본의 다도가 세부적으로는 사뭇 달라 보이지만 이는 모든 예술 관습이 세 나라에서 서로 다른 것과 다를 바 없다. 그것을 어떻게 표현하고 전수하며 즐기느냐는 것이 달라지는 것이다. 오히려 이처럼 서로 다르다는 점을 즐기는 데서 인류 문화의 다양성을 맛볼 수 있다.

그런 점에서 「차 이야기」에서 보이는 일본 다도의 정신은 우리에게도 시사하는 바가 많다 할 것이다.

1장
찻잔에 넘치는 인간성

다양한 문화가 응축된 차

누구나 취미의 세계에서는 귀족

차茶는 원래 약으로 쓰이다 오랜 세월이 지나면서 음료가 됐다. 8세기 중국에서는 차를 마시는 것이 우아한 놀이의 일종으로서 세련미를 더하면서 시詩문학과 견줄 수 있는 경지에까지 올랐다. 뿐만 아니라 일본에 들어온 뒤 15세기에 이르러서는 드디어 미적 수준이 최고의 경지에 도달해 일종의 종교, 즉 다도茶道로까지 지위가 높아졌다.

다도는 복잡한 일상생활 속에서 살아가면서 그 생활 속에서 아름다움을 발견해 이를 소중히 모시는 의식이다. 거기서 사람들은 순수와 조화, 상대를 배려하는 자비심의 깊이, 사회 질서에 대한 경외심 등을 배운다. 다도의 본질은 불완전이라는 것에 대한 숭배, 사물에는 완전함 같은 것은 없다는 사실을 경외심을 갖고 받아들여 그에 맞춰 행동하는데 있다. 불가능을 숙명으로 하는 인생의 한 가운데에서 그래도 무엇인가 가능한 것을 이루려하는 부드러운 시도가 다도인 것이다.

차의 철학은 일반 사람들이 보통 생각하는 그런 단순한 유미주의唯美主義, 즉 아름다움만을 추구하는 유파流派에 머무는 것은 아니다. 차의 철학은 인간이나 자연에 대한 여러 가지 견해를 나타내고 있다는 점에서 윤리나 종교와 결부되어 있다. 청결함을 강조한다는 점에서는 위생학이다. 복잡하고 돈이 많이 드는 것보다는 단순 소박한 것에서 편안함을 발견한다는 점에서 말한다면 경제학이다. 더구나 우주와의 밸런스 감각을 기른다는 의미에서는 정신의 기하학이기도 하며, 차를 즐김으로써 누구나 취미 세계의 귀족이 될 수 있다는 동양적 민주주의의 진수를 보여주는 것이기도 하다.

박카스가 아니라 카멜리아를

일본은 쇄국정책 때문에 오랜 동안 세계로부터 고립되어 온 결과, 다른 한편에서는 그만큼 자국의 문화를 되돌아 볼 수 있는 계기도 되어 이것이 다도의 발달을 크게 촉진시켰다. 일본인의 주거, 습관, 의복이나 요리, 도자기, 칠기, 회화, 그리고 문학에 이르기까지 모든 것이 다도의 영향을 받지 않은 것이 없다.

일본 문화를 배우려 한다면 다도의 존재를 모르고는 불가능하다. 다도는 귀부인의 우아한 살롱에서도 행해질 수 있는가 하면, 서민의 초가집에서도 차별 없이 행해질 수 있다. 일본의 농민은 꽃꽂이 기술을 체득하고 있으며, 최하층의 노동자조차도 바위나 물을 성스러운 것으로서 공경하는 마음을 잊지 않는다.

일본인들 사이에서는 엄숙하면서도 이상야릇함이 뒤섞인 인생이라는 드라마의 미묘한 맛을 이해하지 못해 풍류를 모르는 사람을 "차기茶氣가 없다"고 부르는가 하면, 주변의 비극에는 눈을 돌리지 않고 그저 자기만의 세상을 즐기면서 사는 행동이 신중치 못한 한량을 "차기가 지나치다"고 낙인을 찍기도 한다.

남들이 보면 차를 놓고 벌이는 이런 요란하게 허풍떠는 듯한 행동을 뭔가 이상하게 생각할 지도 모른다. 고작 차 한 잔을 두고 무슨 대소동, 찻잔 속의 태풍이냐고 할 것이다. 그러나 생각해 보기 바란다. 인간의 기쁨이 담겼다고 말하는 찻잔이라는 그릇도 결국은 이처럼 작지 않은가라고 생각하면 눈물이 날 듯도 하지만, 무한을 추구하는 끝없는 목마름에 그 차를 단숨에 마셔버린다.

그렇다면 이처럼 차에 집착하는 것도 탓할 일은 아니다. 인류는 더 심한 짓도 해오지 않았는가? 술의 신 박카스를 숭배하며 무지막지하게 희생을 바치기도 했으며, 전쟁의 신 마르스의 피투성이 모습을 미화하기도 했다. 이에 비하면 카멜리아[001]의 여왕에게 몸을 바치고, 그 제단에서 흘러나오는 따스한 배려에 가득 찬 물줄기에 즐거이 젖어드는 정도는 봐줄만 하지 않은가?

상아색 도자기에 가득 찬 호박琥珀빛 액체 속에서 무엇인가 깨달은 사람은 공자孔子의 달콤한 침묵, 노자老子의 짜릿한 자극, 그리고 석가모니의 영묘한 향기를 맛보는 것이다.

동양과 서양은 서로 오해를 풀지 않으면 안 된다.

기괴한 아시아인과 위선자 서양인

스스로 위대하다고 자부하는 것이 실은 하찮은 것에 불과함을 알지 못하는 자는, 하찮다고 무시하는 다른 사람의 것이 실은 위대한 것임을 간과하기 쉽다. 평균적인 서양인은 자기

---

001 동백나무, 차는 동백과에 속한다.

만족에 안주해 자신들 이외의 문화를 이해하려 하지 않으며, 다도에 관해서도 다른 것과 마찬가지로 어린애 장난 같은 동양의 여러 이상한 풍습 중 하나에 불과하다고 단정 지어 버릴 지도 모른다.

일본이 이 평화롭고 온후한 기예技藝에 심취해 있는 사이, 서양인은 일본을 야만스런 미개국으로 간주해 왔다. 그러더니 최근 일본이 만주를 전쟁터로 삼아 상대를 섬멸하고 나자=露日전쟁 서양인들은 일본이 문명국이 됐다고 말한다. 요즘 사무라이의 신조-일본의 무사가 나서서 자신의 목숨을 바치는 '죽음의 방법'-에 관해서는 열띤 논쟁이 벌어지고 있지만, '삶의 방법'을 설파하는 다도에 관해서는 거의 주의를 기울이지 않는다.

몰라도 너무 모른다는 생각이지만 어쩔 수 없다. 전쟁이라는 무서운 영광에 의지하지 않으면 문명국이라고 인정해 주지 않는다면 기꺼이 야만국으로 남아 있기로 하자. 우리의 예술과 이상에 합당한 존경심이 우러나올 때를 기다리기로 하자.

도대체 언제쯤 되어야 서양은 동양을 이해할 것이며 이해하려 할 것인가? 우리 아시아인은 흔히 사실과 공상을 뒤

섞어 서양인들이 만들어 낸 기괴한 아시아인의 이미지를 보고 울컥하는 마음이 생기는 때가 있다. 예를 들어 쥐나 바퀴벌레까지는 아니더라도, 연꽃의 향기를 양식으로 삼아 살아간다는 그런 이미지다. 무력한 광신자 아니면 비굴한 방탕자라는 식이다.

인도인의 정신을 중시하는 가치관은 무지에 불과하고, 중국인의 근엄함은 어리석음이며, 일본인의 애국심은 숙명론의 결과라고 멸시해왔다. 우리는 신경조직이 둔감하기 때문에 아픔이나 상처를 그다지 느끼지 않는다고까지 말하기도 했던 것이다.

우리를 농담의 재료로 삼아 즐기려 한다면 그것으로 좋다. 단 아시아 쪽에서도 되갚아 주기로 하자. 혹시 서양인들에 관해 우리가 상상해온 것이라든가 글로 써왔던 것을 당신들이 안다면, 그것이야말로 보다 더 유쾌한 이야기가 될 것이 분명하다. 우리 동양인들은 당신들 서양인에 대해 아득한 것에 대한 동경, 불가사의한 것에 대한 무의식적인 칭찬, 정체를 알 수 없는 미지의 것에 대한 은밀한 적의와 같은 것을 갖고 있다고 보고 이런 저런 생각을 품어왔다.

우리들은 당신들이 시기심을 품기에는 너무 훌륭한 미덕

을 지니고 있다고 생각해왔고, 비난하기에는 너무 화려한 죄를 저질렀다고 규탄해왔다. 과거 일본의 식자識者들, 사리를 아는 현자賢者들은 당신들에 대해 이런 식으로 이야기했다. "옷 속 어딘가에 털이 무성한 꼬리를 감추고 갓 태어난 갓난아기를 스튜로 만들어 먹는다." 아니 더 심한 말도 있었다. "당신들 서양인이라는 종족은 이 지구상에서 가장 이해하기 힘든 친구들이다, 실행한 적도 없는 것을 설교하는 위선자이기 때문이다." 등등.

동양인은 서양인에게 다가가려 하지만…

이런 서양인에 대한 오해는 지금은 급속히 사라지고 있다. 동양의 이곳저곳 개항지에서는 상업상의 필요에서 유럽의 언어를 사용하게 됐으며, 아시아의 젊은이들은 근대적 교육을 받기 위해 서양 학교에 밀려들고 있다. 우리들은 아직 당신들의 문화를 깊이 이해할 만큼의 견식은 갖추지 못했을지도 모르지만, 적어도 자진해서 배우려 한다.

우리 동포들 가운데에는 너무 열심히 당신들의 습관이나 예의범절을 받아들이려 하는 나머지, 딱딱한 옷깃을 달고 높다란 모자를 쓰는 것이 문명개화라고 착각하는 사람까지 나타나는 지경이다. 이런 보기 싫은 행동은 무엇보다 슬프고도 한탄스러운 일이지만, 그래도 몸을 굽혀서까지 서양에 접근하려는 우리들의 분위기를 보여주는 것이기는 하리라.

이에 대해 서양 쪽의 태도는 유감스럽게도 동양을 이해하는데 바람직하다고는 말할 수 없다. 기독교 선교사들은 자신들의 가르침을 베풀려 하기는 해도, 이쪽의 생각을 받아들이려 하지는 않는다. 당신들의 동양에 관한 지식은 지나가던 여행자가 전한 것에 지나지 않는 소문 같은 것들이 아니면, 우리들이 갖고 있는 방대한 문학 가운데 극히 일부를 번역한 것으로 얻은 것이다.

라프카디오 헌[002]이나 「인도 생활의 구조」의 저자[003] 등 의협심이 풍부한 서양인 몇몇이 우리 동양인들의 감정을 잘 이해하여, 그 입장에서 동양의 신비를 소개해준 것은 드문 예에 속한다.

---

[002] 일본명 小泉八雲; 영국인으로 1890년부터 미국의 한 잡지사 일본특파원으로 활동하다 일본에 귀화, 도쿄대학 교수를 지냈으며 일본문화를 서구사회에 소개하면서 일본에서 여생을 보냈다.
[003] 영국 여성으로 저자의 또 다른 저서 「동양의 이상」에 서문을 써준 마가렛 노블

서로 도발을 멈추고 상대의 장점을 끄집어내자

이런 식으로 함부로 이의를 제기하는 것은 내 자신이 차의 깊은 맛에 대해 눈을 뜨지 못했음을 폭로하는 것일 뿐이라는 지적을 받을지도 모르겠다. 말해야 할 것만 말하고, 그 이상 다른 불필요한 것은 언급하지 않는 것이 참으로 신중한 예의이기 때문이다. 그러나 나는 행동에 조심하는 다인茶人과 같은 사람이 될 생각은 없다. 신세계=서양와 구세계=동양 쌍방의 상대에 대한 오해가 이만큼 해악을 끼쳐온 만큼 이해를 보다 증진시키기 위해서는 가능한 한 힘을 다해야 하며, 여기에 변명 같은 것은 필요 없다.

20세기의 개막을 맞아 혹시 러시아가 일본을 보다 더 이해하고자 하는 겸양의 자세를 보여 줬다면, 그 피비린내 나는 전쟁의 참상을 보지 않고 넘어갈 수도 있었을 것이다. 동양의 문제를 멸시하고 소홀히 한 것이 그 얼마나 비참한 결과를 인류에게 가져다주었던가! 유럽 열강의 제국주의는 '황화'[004] 등 바보 같은 외침을 부끄러워하지도 않고 외쳐댔지만, 이에 따라 아시아 쪽에서도 '백화'[005]라는 잔인한 감정이

---

004 黃禍; 황인종이 발전하면 백인종이 위협을 받는다는 주장
005 白禍; 백인종이 동양에 진출해 옴으로써 황인종을 위협한다는 주장

눈을 뜨게 된다는 점에는 신경을 쓰지 않는다. 당신들은 우리 동양인을 "차기가 넘친다"고 바보로 볼지도 모르지만, 그렇다면 우리 쪽에서는 서양인을 마찬가지로 "차기가 없다"고 반격하지 않을까?

이제 서로 도발하는 일은 그만 두어야 하지 않을까? 보다 현명하게 동서 양 반구半球가 서로 상대의 좋은 점을 칭찬해야 하지 않을까? 적어도 연민의 정을 가져야 하지 않을까? 동과 서는 각각 별도의 길을 따라 발전해 왔지만, 바로 그렇기 때문에 서로 부족한 부분을 서로 보충해 나가지 않으면 안 되는 것이다. 당신들 서양인은 조용한 휴식을 희생하고 팽창을 도모해온 데 대해, 우리 동양인은 침략에는 무기력하면서도 조화라는 것을 만들어 왔던 것이다. 당신들은 동양이 어떤 면에서는 서양보다 훌륭하다는 것을 믿을 수 있겠는가?

서양은 어떻게 차를 받아들였는가?

찻잔 속에서의 동서 만남

실로 불가사의한 것은 이처럼 사뭇 달랐던 동서양의 인간성이 찻잔 속에서는 일찍부터 만나왔다는 사실이다. 차를 마시는 습관만은 동서를 불문하고 모두가 보편적인 경의를 표할 수 있었던 유일한 아시아적 의례였다. 백인은 동양의 종교나 도덕에 관해서는 조소를 보냈지만, 이 갈색 음료만은 주저 없이 받아들였다.

'오후의 차 마시기' 습관은 지금으로서는 서양 사회에서 중요한 역할을 하고 있다. 잔과 받침 접시가 부딪히며 내는 미묘한 울림, 잘 차려 입은 여성의 부드러운 옷자락 스치는 소리, 크림과 설탕을 어떻게 넣겠느냐는 등의 대화, 이런 여러 가지 사소한 약속된 절차에 따라 서양인들도 차를 숭배하고 있음을 우리는 잘 안다.

손님은 어느 정도 끓인 차가 나올지 자신에게 주어진 운명을 철학적이라고도 말할 수 있는 체념 속에서 조용히 받아든다. 이 예를 보더라도 동양적 정신이 보편적으로 침투해 있음을 엿볼 수 있다.

유럽의 문헌에 나타난 가장 오래된 차에 관한 기사는 한 아랍인 여행가의 손에 의한 것으로, 여기에는 879년 이후 중국 광동廣東의 주된 재원이 소금과 차에 부과된 세금이라는 사실이 실려 있다. 마르코 폴로는 1285년에 중국의 재무장관이 제멋대로 차에 대한 세금을 올려 파면됐음을 전하고 있다.

유럽 사람들이 극동에 관해 보다 많이 알게 된 것은 '대발견시대'[006]였다. 16세기말 네덜란드인들은 동양에서는 관목灌木의 나뭇잎으로 맛있는 음료를 만들어낸다고 전했다. 조바니 바티스타 람지오[007], 알메이다[008], 마페노 1588년, 탈레이라 1610년 등도 역시 차에 관해 이야기했다.

그리고 1610년 네덜란드 동인도회사가 유럽에 처음으로 차를 가져왔다. 프랑스에는 1636년에, 러시아에는 1638년에 들어왔다. 영국에서는 1650년 "저 멋지고, 의사들이 모두 추

---

006 15세기 초부터 17세기 초까지 유럽의 배들이 세계를 돌아다니며 항로를 개척하고 탐험과 무역을 하던 시기를 말한다. 미 대륙 발견도 이 시기에 이루어졌다.
007 베네치아인으로 1559년 「항해와 여행」을 저술
008 포르투갈 선교사로 1555년 일본을 방문했다.

천하는 중국의 음료수, 중국에서는 '차'라 부르고 다른 나라에서는 '테이' 또는 '티'로 부른다"고 차의 도래를 호의적으로 소개하고 있다.

'차'가 걸어 온 우여곡절의 역사

좋은 것은 무엇이든지 그렇지만 차의 경우도 그 보급에는 말썽이 많았다. 헨리 사빌1678년과 같은 반대파는 차 마시는 것을 추잡한 습관이라고 비판하고, 조나스 한웨이「차론 茶論」1756년[009]는 차를 마시면 남자는 체격이나 용모가 쇠해지고, 여성도 미모를 잃는 듯하다고 말했다.

유럽에 들어온 초기 차는 비쌌기 때문에1파운드에 15~16실링 일반 사람들은 마실 수 없었고, 특별한 음식 대접이나 취미로서 왕실용품 또는 증정품으로 쓰였다. 그러면서도 얼마 지나지 않아 차를 마시는 습관은 이러한 장애물들을 넘어 급속히 확산돼 갔다. 18세기 전반 런던의 커피 하우스는 실제

---

009 영국에 박쥐우산을 소개해 유행시킨 사람으로도 유명하다.

로는 티 하우스로 변해, 조셉 애디슨[010]이나 리처드 스틸[011] 같은 문인들이 모여서 차로 기분 전환을 하는 사교장이 됐다.

이 음료수는 얼마 지나지 않아 생활필수품이 되어 세금이 붙여지게 됐다. 이것과 관련하여 차가 근대사에 있어서 중요한 역할을 담당했던 한 가지 일이 기억난다. 아직 식민지였던 시절 미국은 오랜 동안 본국 영국의 압정에 시달려왔지만, 차에 무거운 세금을 물리는 데 이르러서는 인내의 한계에 다다르게 됐다. 급진파 시민들이 보스턴 항구 안의 선박을 습격해 쌓여있던 차 상자를 바다에 던지는 사건[012]이 일어났고, 이를 계기로 미국은 영국으로부터 독립의 길을 걸었던 것이다.

---

010 1672~1719; 영국의 평론가·시인
011 1672~1729; 영국의 언론인·정치가
012 보스턴 차 파티 사건, 1773년

차야말로 진짜 유머의 달인

차 맛에는 사람을 끌어당기는 어떤 미묘한 것이 있어서 그 매력에는 도저히 저항할 수 없다. 그런데 바로 그 이유 때문에 이상적인 음료수라고 생각하게끔 만든다. 서양에서도 풍류객들은 재빨리 그 향기를 자신들의 사상에 잡아넣으려 했다. 차에는 포도주와 같은 오만함도, 커피와 같은 자의식도, 코코아 같은 멍청한 유치함도 없다.

1711년에는 이미 영국의 유명한 신문 〈스펙테이터〉에 이런 문장이 실려 있다. "그렇기 때문에 매일 아침 반드시 식사로서 차와 토스트를 천천히 한 시간 정도에 걸쳐 먹는 가정에서는, 차를 준비하면서 그 한 부분으로서 이 신문을 빼놓지 않고 읽도록 삼가 추천하는 바이다." 새뮤얼 존슨[013]은 이렇게 자신에 관해 말하고 있다. "더 이상 끊을 수 없이 돼버려 단연코 완고하게 차를 마셨고, 식사는 20년간 언제나 이 매혹적인 식물을 달인 물로 씻어내며 해 왔다. 차로 저녁 시간을 즐기고, 차로 한 밤에도 위로를 받으며, 차로 아침을 맞아 온 것이다."

---

013 1709~1784; 영국의 시인·평론가

찰스 램1775~1834[014]은 당당히 세상을 향해 차에 대한 신앙을 고백한 사람이지만, 다음과 같은 그의 말에는 정말로 다도의 정수가 느껴진다. "좋은 일을 행하는데 있어서는 비밀리에 이를 행하되, 가끔은 겉으로 나타나게끔 내버려두는 것을 무상의 기쁨으로 삼는다."

다도란 아름다움을 발견해도 그것을 감추는 기예이며, 노골적인 표현을 피하고 암시하는데 그치는 것이기 때문이다. 이는 자기 자신을 조용히, 그러나 철저하게 웃음거리로 삼는 품격 높은 비장의 기술이며, 그 결과 다도는 유머 그 자체이자 깨달음의 미소인 것이다. 바꿔 말하면 진짜 유머의 달인이란 모두 다인茶人, 차의 철학자라고 부를 수 있을 것이다.

예를 들면 윌리엄 새커리[015]가 그런 사람이며, 셰익스피어 또한 그런 사람일 것이다. 세기말 퇴폐주의-퇴폐란 그다지 듣기 좋은 말은 아니지만 도대체 퇴폐하지 않은 시대 같은 것이 있었던가?-시인들이 세상에 만연한 물질주의에 항의한 것도 어느 정도는 다도에의 길을 연 것이었다고 말할 수 있다. 아마도 지금이야말로 불완전이라는 것에 관해 겸허하

---

014 「엘리아의 수필」등을 쓴 영국 수필가
015 1811~1863; 「허영의 시장」등을 쓴 19세기 영국 문학을 대표하는 소설가

게 생각해봄으로써 동서 두 문명이 함께 만나 서로 위안을 줄 수 있을 것이다.

한 잔의 차를,
황폐한 현대세계의 재생을 기다리며

희망과 평화의 하늘을 재건하자

도교道敎를 추종하는 사람들은 이런 식으로 말하고 있다. 원래 '무시無始'라는 거대한 시초에 정신과 물질이 죽기 살기로 싸웠다. 드디어 하늘의 아들인 황제黃帝가 어둠과 대지의 신 축융祝融과 싸워 이겼다. 패배한 거인은 단말마의 고통을 못 이겨 머리를 하늘을 덮은 돔에 부딪혀 단단한 푸른 옥으로 만들어진 이 돔이 산산이 부서져 버렸다. 이 때문에 별들은 자리를 잃고, 달은 황량한 밤의 갈라진 틈을 정처 없이 떠돌아 다녔다.

절망한 황제는 어떻게 해서든 하늘을 복구해줄 존재를 찾고자 아주 먼 곳까지 헤맸다. 이런 탐색이 결실을 맺어 동해 끝에서 성스러운 여와女媧라는 여신이 관을 뿔로 장식하고 용의 꼬리, 불꽃 갑옷 차림으로 나타나 마법의 큰 가마솥에 오색의 무지개를 녹여 중국의 하늘을 다시 만들었다. 그러나 그 때 여와는 푸른 하늘 천정 가운데 조그만 틈 2곳은 메우는 것을 잊어버렸다.

여기서 사랑의 이원성이라는 것이 생겼다고 한다. 갈라진 틈에서 나와 떠돌던 두 개의 혼은 언젠가 하나가 되어 우주를 완성할 수 있게 될 때까지 끝없는 공간을 쉴 새 없이 헤매 다니게 된 것이다. 누구나 각자의 희망과 평화의 하늘을 재건하지 않으면 안 되는 것이다.

아름답고도 어리석은 일

현대세계에 있어서 인류의 하늘도 부와 권력을 추구하는 거대한 투쟁에 의해 산산조각이 나 버렸다. 세계는 이기주의라는 저급한 어둠을 찾아 헤매는 모습이다. 현대세계에서 깨끗하지 못한 마음으로 지식을 사려 덤벼들고, 선행도 효용을 계산해 행해진다.

동과 서는 거친 바다에 던져진 두 마리의 용처럼 인간성이라는 보물을 다시 얻으려 헛된 발버둥을 치고 있다. 또다시 여와가 나타나 이처럼 엄청나게 황폐한 세계를 보수해

줄 필요가 있다. 위대한 아바타[016]가 나타나기를 바라고 있는 것이다.

그 때가 되기까지 차라도 한 모금 마시지 않겠는가?

오후의 햇살이 대나무 숲을 비추고

샘은 기쁨으로 끓어올라 차 끓이는 솥에서는 솔바람의 음향이 들려온다.

잠시 부질없는 것을 꿈꾸고

아름답고도 어리석은 것을 이리저리 생각해 본다.

---

016 힌두교에서 말하는 이 세상에 나타난 신의 화신

2장
차의 유파

차의 3단계; 단차團茶, 말차抹茶, 전차煎茶

차 마시는 모습에서 보이는 문화의 특색

차는 예술품이며 그 가장 고귀한 특질을 끌어내려면 명인의 기술이 필요하다. 그림에 좋은 그림과 나쁜 그림이 있듯이, 대부분은 후자지만, 차에도 좋은 차와 나쁜 차가 있는 것이다. 그러나 완벽한 차를 만들어 내는 유일무이한 방법이 있을 리가 없다. 베첼리오 티치아노[017]나 셋손雪村[018]의 작품 같은 명작을 만드는 법칙이 없는 것과 마찬가지다.

차를 만드는 방법에는 각각 다른 전통이 있다. 물과 불의 조절, 대대로 전해져 오는 비결, 독자적인 용어 사용 등이 그것이며, 참된 아름다움은 바로 거기서 나타날 수밖에 없는 것이다. 이러한 예술과 인생이 서로 얽힌, 단순하면서도 근본적인 법칙을 바르게 이해할 수 없는 사회 탓에 우리들은 얼마나 번뇌하는 것일까? 중국 송나라의 시인 이죽란李竹嬾

---

017 1488~1576; 이탈리아의 화가
018 16세기 일본의 수묵화풍을 확립한 선종화가

은 이 세상에 3개의 한심스런 것이 있다고 지적한다.

- 잘못된 교육에 의해 재능 있는 청년들을 망쳐버리는 경우
- 속되고 악한 칭찬으로 좋은 그림의 가치를 폄하하는 경우
- 부적절한 취급으로 좋은 차를 못 쓰게 만드는 경우

예술과 마찬가지로 차의 경우도 그 발전 과정을 거슬러 올라가 보면 몇몇 시기와 유파가 있다. 우선 발전 순서로 말하자면 차를 끓이고단차, 거품을 내고말차, 우려내는전차 3단계로 크게 나눌 수 있을 것이다. 우리 근대인은 이중 최후의 단계에 있다.

이러한 차의 취급 방법 차이는 각각 시대의 특질을 잘 보여주고 있다. 매일의 생활 모습, 그 별 것 아닌 동작이나 표정 속에 내면의 움직임이 나타나기 때문이다. 공자는 이렇게 말한다. "사람은 숨기기도 하는 것일까?" 우리들에게는 숨기지 않으면 안 될 위대함 같은 것은 없기 때문에 사소한 것에도 자신을 드러내게 된다. 매일의 생활 속에 나타나는 자잘한 일들도 고상한 철학이나 시에 못지않게 여러 민족의 이상이 어떤 것인지 말해주고 있다.

유럽에서는 포도주를 즐기는 방법의 차이가 시대나 국가의 성격 차이를 보여주고 있듯이, 동양에서는 어떠한 차를 이상으로 삼는지에 따라 여러 가지 문화의 특색이 나타난다. 덩어리 차를 끓여 내는 단차, 분말의 차로 거품을 만들어 내는 말차, 잎 그 상태의 차를 우려내는 전차는 각각 중국의 당, 송, 명 각 시대의 정신적 특색을 보여준다. 전문적인 예술 양식 분류 용어를 빌어 말하자면 순서대로 고전파, 낭만파, 자연파라 말할 수 있을 것이다.

마시는 약에서 기호품으로

차나무는 원래 중국 남부가 원산지로 중국에서는 식물학이나 의학 방면에서 상당히 일찍부터 알려졌다. 오래된 문헌에서는 도茶, 설蔎, 천荈, 가檟, 명茗 등 여러 가지 이름으로 불렸다. 피로를 풀어주고, 기분을 상쾌하게 하고, 의지를 강하게 하고, 시력을 회복시켜주는 등의 효능이 있다고 높이 평가돼 왔다. 마시는 약으로서 쓰였을 뿐 아니라, 류머티즘의 통증을 완화시키는 붙이는 약으로도 쓰였다. 도교 신자들은 이를 불로불사의 영약에 들어가는 중요한 성분이라고 불렀고, 불교 신자들은 오로지 오래 명상을 할 때 잠을 쫓는 묘약으로서 사용했다.

4세기에서 5세기에 이르자 차는 양자강 유역에 사는 사람들이 즐겨 마시는 음료가 됐다. 이 당시 현재까지 쓰이는 차茶라는 한자가 만들어졌지만, 이는 고대의 도荼라는 한자가 변형된 것이 분명하다. 남조[019]의 시인들은 이 '비취색 액체에서 생긴 거품'을 열렬히 칭송하는 말을 남기고 있다.

또한 황제들은 큰 공적을 세운 고관들에게 포상으로 희귀한 제조방법으로 만든 차를 주었다. 그러면서도 이 시기까지 차를 마시는 방법은 매우 원시적이었다. 차 잎을 쪄서 절구에 넣어 찧은 후 둥근 덩어리로 만들어 쌀, 생강, 소금, 귤껍질, 향료, 우유, 경우에 따라서는 양파 등과 함께 끓인 것이다. 이런 습관은 지금도 티베트 사람이나 몽골족에 남아있어 이런 성분으로 만들어진 이상한 시럽을 마시기도 한다. 러시아 사람은 중국 상인으로부터 차 마시는 것을 배웠지만 차에 레몬을 둥글게 잘라 넣는 습관이 있다. 이것도 옛날부터 내려온 방식을 보여주는 것이다.

---

019 南朝; 5~6세기 중국 남북조시대 양자강 하류지역에 세워진 송·제·양·진 등의 나라

2장 차의 유파

「다경茶經」, 문화로서의 차의 탄생

시인 육우陸羽

차가 이러한 거칠고 원시적인 단계를 벗어나 구극의 음료로서 이상화되기 위해서는 당나라의 시대정신이 필요했다. 8세기 중엽 육우[020]에 의해 처음으로 차가 하나의 도道로서 전파되기 시작했다. 그가 태어난 것은 정확히 불교, 도교, 유교 3개의 사상이 종합되어 가던 시기로, 개개의 사물 속에 보편적인 진리가 반영되어 있다는 범신론汎神論적 상징주의가 널리 퍼져 있었다.

이런 영향을 받아 시인이었던 육우는 차 접대 가운데서 만물을 지배하는 조화와 질서를 찾아내려 했던 것이다. 그는 차에 관한 경전이라 할 유명한 「다경」을 저술해 차의 여러 규정과 절차를 정식화했으며, 그 이후 그는 중국에서 차를 취급하는 상인들의 수호신으로서 숭상되어 왔다.

---

020 733~804; 중국 당나라의 문인

「다경」은 3권 10장으로 이루어져 있다. 제1장에서는 차나무의 특성이 다뤄졌으며, 제2장에서는 찻잎을 따는 도구, 제3장에서는 잎의 선별에 관해 서술했다. 육우에 따르면 가장 품질이 좋은 찻잎은 "타타르족의 승마용 가죽 장화처럼 주름이 있고, 건강한 수컷 소의 목구멍처럼 둥그렇고, 골짜기에서 이는 안개처럼 퍼지며, 산들바람에 잔파도가 이는 호수처럼 반짝이며, 비에 막 씻긴 대지처럼 촉촉하게 부드러운 것"이 아니면 안 된다.

　제4장은 풍로[021]에서부터 다구茶具 일체를 담는 대나무로 만든 서랍장에 이르기까지, 24종류에 걸친 다구를 하나하나 설명하고 있다. 거기에는 육우의 도교적 상징주의에 대한 취향이 엿보인다. 이와 함께 차가 중국 도자기에 미친 영향에 관해 고찰해 보는 것도 흥미 있는 일이다.

　중국의 자기磁器는 잘 알려져 있다시피 비취의 그 더할 나위 없는 빛깔을 재현하려 한 데서 시작됐으며, 그 노력의 성과가 당나라 시절 남방의 청자와 북방의 백자로서 나타났다. 육우는 청자야말로 차에 녹색을 띤 빛깔을 만들어 준다는

021　집안에서 물을 끓이기 위한 간이 아궁이

점에서 찻잔으로서 이상적이라고 생각했으며, 한편 백자는 분홍빛을 띠게 해 볼품없는 빛깔을 만든다고 했다.

이렇게 말한 것은 육우가 덩어리 차인 단차를 마셨기 때문이다. 시대가 바뀌어 송나라 다인들은 가루차인 말차를 애용했기 때문에 짙은 감색이나 짙은 갈색의 묵직한 찻잔을 애호하기 시작했다. 그리고 명나라 시절에는 잎차인 전차에 맞춰 옅은 색의 백자 찻잔을 즐겨 사용했다.

그 맛은 신의 음료수

제5장에는 차를 끓이는 방법이 서술되어 있다. 육우는 소금 이외의 다른 것은 넣지 않고, 또한 물의 선택이나 끓이는 정도에 대해서도 여러 가지 궁리를 했다. 그의 생각으로는 산 속의 맑은 샘물이 최상이며, 강이나 샘의 물은 그 다음이었다.

끓이는 정도에는 3단계가 있다. 우선 물고기 눈과 같은 물방울이 표면에 끓어오르는 것이 최초이며, 그 물방울이 분수 속에서 굴러다니는 수정 구슬처럼 된 후, 마지막으로는 솥 안이 격렬히 끓어오르게 된다.

단차는 어린애 팔처럼 부드럽게 되기까지 불에 쪼인 후 질 좋은 종이에 싸서 잘게 찢어 나눈다. 소금은 처음 끓는 단계에서 넣고, 이어 두 번째 끓는 단계에서 차를 넣으며, 마지막 끓는 단계에서 찬 물을 한 국자[022] 부어 차를 진정시키고 '물의 싱싱함'을 되살린다.

이렇게 해서 찻잔에 부어 마시게 되는데 그 맛은 마치 신의 음료수, 하늘의 감로수다. 날개처럼 얇은 찻잎은 맑은 하늘에 떠있는 비늘구름이나 에메랄드그린의 물결에 떠있는 수련과 같다. 당나라 시인 여동盧仝은 이렇게 칭송한다.

한 잔째는 목구멍이 촉촉해지고, 두 잔째는 고독감을 잊게 해 준다. 세 잔째를 입에 하면 고갈돼 있던 시심詩心이 다시 일어나지만 5천권 정도의 이상한 글자들이 머릿속에 줄지어 있을 뿐. 네 잔째로 조금 땀을 식히면 한낮의 번거롭던 생각들이 땀구멍에서 빠져나간다. 다섯 잔째에는 심신이 정화되고, 여섯 잔째가 되면 이윽고 불로불사의 경지에 이른다. 일곱 잔째는 어떤가. 아니 이 이상은 더 마시지 않는다.

---

022 일본 다도에서는 찻물을 끓이는 솥에서 더운 물을 떠내는 데 쓰는 자루가 길고 작은 국자를 '차히샤쿠茶柄杓'라고 한다.

단지 소매를 스치는 시원한 바람을 느낄 뿐이다. 봉래산蓬萊山[023]은 어딘가? 이 부드러운 바람을 타고 그곳으로 흘러가게 해 주오.

나머지 장에서는 일반 세상의 차 마시는 방법이 저속하다는 것과 이름 높은 다인들의 간략한 전기, 중국의 유명한 차밭, 여러 가지 차 접대 방법, 다구의 도해와 설명 등이 기록돼 있다. 그러나 이 마지막 장은 유감스럽게도 남아 있지 않다.

「다경」의 출현은 당시 대단한 반향을 일으켰음이 분명하다. 육우는 당시의 황제 대종代宗; 재위기간 763~779과 가까웠고, 그의 명성을 흠모해 많은 제자가 모여 들었다. 차에 대해 좀 안다고 하는 사람은 그의 제자가 탄 차와 육우가 직접 탄 차의 맛을 구별할 수 있어야 했다고 전해진다. 이 때문에 이 위대한 종장宗匠; 스승의 차를 음미할 줄 몰랐던 어느 고관은 후세까지 오명을 남겨야 했다.

---

023   전설상의 신선이 산다는 산

자기실현 수단으로서의 차

송나라 시대에는 말차가 유행하게 되어 제2의 다도 유파가 됐다. 찻잎을 조그만 돌절구로 잔 가루가 될 때까지 갈아 거기에 뜨거운 물을 부어 끝이 잘게 갈라진 대나무로 만들어진 정교한 다선茶筅[024]으로 거품을 일으킨다.

이 새로운 차 만드는 방법이 시작되자 찻잎의 선택 방법이나 다구에도 변화가 생기게 됐다. 소금이 사용되는 일도 없어졌다. 송나라 시절 사람들의 차에 대한 열광은 끝이 없었다. 애호가들은 새로운 품종의 차를 발견하려 경쟁했고, 그 우열을 겨루는 품평회가 정기적으로 열렸다. 휘종徽宗; 1101~1025은 스스로 매우 위대한 예술가이고자 한 나머지 좋은 군주가 지켜야 할 절도를 넘어 희소 품종을 손에 넣으려 광분하며 돈을 마구 써대기에 이르렀다. 그는 스스로 24개 품종의 차에 관해 논하고, 그 중에서도 '백차'白茶[025]를 가장 희귀하며 좋은 것이라고 칭찬했다.

송나라 시절 차의 이상은 인생관과 마찬가지로 당나라

---

024 길이 10cm쯤 되는 대통의 하반을 잘게 쪼개어 그 끝을 안쪽으로 구부린 것으로 말차를 저어서 거품을 일게 하는 도구. 일본어로는 챠센이라 한다.
025 옅은 백색을 띤 잎의 차

때와는 달랐다. 당나라 시절에는 상징화하려 한 것을 송나라 때는 현실화하려 하게 된 것이다. 신유교[026]의 사상으로는 이 세상의 현상에 우주의 법칙이 반영돼 있는 것이 아니라, 이 세상의 현상 그 자체가 우주의 법칙 바로 그것이라는 것이다.

영겁은 순간에 불과하고, 열반은 언제나 손바닥 안에 있다. 불멸은 영원의 변화 속에 있다는 도교의 생각이 모든 것에 스며들어 있다. 흥미로운 것은 행위 그 자체가 아니라 그 행위에 이르는 경과다. 정말로 중요한 것은 완성 그 자체가 아니다. 완성하는 것이다. 이리하여 인간은 단숨에 자연과 직면하게 됐다. 인생에 새로운 의미가 생겨나 지침이 됐다.

차는 단순한 시적 놀이에 그치지 않고 자기실현의 수단이 됐다. 왕우칭王禹偁[027]은 차를 칭송하며 "직접 혼에 호소해 축축이 적시고, 그 미묘한 쓴 맛은 좋은 조언을 얻었을 때의 뒷맛을 생각나게 한다"고 말했다. 소동파蘇東坡[028]는 차가 갖는 정화력이란 실로 덕이 높은 인물처럼 부패하는 일

---

026 불교, 도교의 요소를 가미해 종합한 유교
027 송나라 초기의 시인
028 1037~1101, 「적벽부」 등을 쓴 북송 때의 시인

이 없다고 쓰고 있다.

불교에서는 남종선 南宗禪 [029]이 도교의 교의를 대폭 받아들여 정교하고 치밀한 차의 예법을 만들어냈다. 승려들은 달마 達磨 [030] 그림 앞에 모여 신성한 의식의 일환으로 엄숙한 형식에 따라 한 잔의 차를 순서대로 마셨다. 바로 이 선의 예법이 이윽고 15세기 일본에서 다도를 만들었다.

중국에서 시들어 버린 차의 정신

13세기에 들어서 불행한 사태가 일어났다. 몽골족이 돌연 융성하게 되어 중국을 침략해 원나라를 세웠고, 원나라 황제들의 야만적인 지배 아래 국토는 황폐해지고 송나라 문화의 정수는 파괴됐다. 15세기 중엽에는 토착 세력인 명 왕조가 민족 부흥을 꾀했지만 내란에 골머리를 앓다 17세기 만주족이 침입해 오면서 다시 이민족 지배 청 왕조 아래 들었다.

---

[029] 당나라 혜능에 의해 성립된 불교 선종의 일파. 신수와 그 계통을 일컫는 북종선이 '능가경'을 근거로 단계적 깨달음, 즉 점오를 주장하는 데 반하여, 남종선은 '금강경'을 근거로 행동적이고 즉각적인 깨달음, 즉 돈오를 주장한다.
[030] 중국 남북조시대에 중국 선종을 창시한 인물이다. 당시의 불교와는 정반대인 좌선을 통하여 사상을 실천하는 새로운 불교를 강조했다.

풍속 습관은 크게 바뀌고, 과거의 흔적은 다 사라졌다. 말차도 깨끗이 잊혀졌다. 어떤 명나라 주석자들은 송나라 고문헌에 나와 있는 차선의 형태가 어떻게 생겼는지 알아내지 못하고 쩔쩔맸다. 차는 이제 찻잔에 부은 뜨거운 물에 차를 적셔 마시는 것이 됐다. 서양에서 이보다 이전의 차 마시는 방법은 알려져 있지 않는데, 이는 서양이 차를 접한 것이 겨우 명나라 말기부터였기 때문이다.

후대 중국인에게 있어서 차는 맛있는 음료수이기는 했지만 이념이나 이상과 같은 것은 아니었다. 오래 계속된 국란 때문에 이 나라에서는 인생의 의미를 추구할 열정을 다 빼앗겨 버린 것이다. 중국에 있어서 근대화했다는 것은 나이가 많아서 열정이 식었다는 것이었다. 시인이나 옛사람에게 있어서 영원의 젊음과 활력의 근원이었던 꿈같은 환상에 대한 숭고한 신념이라는 것을 중국인은 잃어버렸다.

절충주의자가 되어 점잖게 세상의 습관에 따를 뿐이다. 자연과 노닐기는 하지만 자연을 내 것으로 한다든가, 숭배한다든가 하지는 않는다. 명나라 시대 마시게 된 전차도 그 꽃 같은 향기는 멋지지만 당나라나 송나라 차 예법에서 느껴지는 것 같은 낭만의 맛은 발견할 수 없다.

일본에서 차가 완성되다

생활 속에 자리 잡은 다도

일본은 중국 문명의 족적을 충실히 쫓아, 차의 3단계를 모두 거쳤다. 729년에 이미 쇼무聖武 천황이 나라奈良의 조정에서 1백 명의 승려에게 차를 대접했다는 기록이 있다. 이때의 찻잎은 아마도 견당사遣唐使[031]가 가져온 것으로 당시의 방법으로 마셨을 것이다.

801년 승려 사이쵸最澄[032]가 차의 씨를 중국에서 가져와 히에이산比叡山에 심었다. 그 이래 수세기에 걸쳐 많은 차밭이 만들어져 귀족이나 승려 계급에 음료수로서 차를 즐기는 것이 널리 확산된 것으로 전해지고 있다.

송나라의 차가 일본에 도래한 것은 1191년의 일로, 남종선을 배우기 위해 그곳에 건너간 요사이榮西 선사[033]가 들여

---

031 일본이 당나라에 정기적으로 보낸 사신단
032 766~822, 불교 승려로 천태종을 열어 일본 불교의 여러 종파를 통일하는 데 힘썼다.
033 1141~1215, 일본 가마쿠라시대의 불교 승려로 선종을 열었다.

온 것이다. 요사이가 가져온 새로운 씨는 3곳에 심어져 훌륭히 뿌리를 내렸다. 그 중 하나인 교토京都 근교의 우지宇治라는 곳은 지금까지 최상의 차 산지로 이름이 높다. 남종선은 눈부실 정도로 급속히 일본에 퍼졌으며 이에 따라 차의 예법이나 이상도 보급돼 갔다.

15세기까지는 쇼군將軍 아시카가 요시마사足利義政[034]의 비호 아래 다도가 완성을 보았으며, 이와 함께 절에서 독립해 속세의 생활 속에 자리 잡게 됐다. 이 때 이후 다도는 일본에서 최종적으로 확립되었다. 명나라의 전차가 일본에 알려지게 된 것은 비교적 뒤늦은 일로 17세기 중반부터다. 일상생활에서 이 전차가 말차를 대신하기에 이르렀으나 그럼에도 불구하고 말차는 여전히 차 중의 차로서 높게 평가되고 있다.

사는 법을 전수하는 종교

차가 추구하는 이상의 정점은 바로 일본 다도에서 발견된다. 1281년 몽골의 침공을 막아 냄으로써 일본은 중국 본토에

---

034 1436~1490 무로마치 막부의 8대 쇼군

서는 이민족의 지배에 의해 무참하게 단절되어버린 송나라 차 문화를 계승할 수 있었다. 일본인에게 있어서 다도는 단지 차 마시는 방법의 궁극적인 단계만은 아니다. 이는 세상을 사는 법을 전수하는 종교인 것이다.

차라고 하는 음료가 승화되어 순수와 세련에 대한 숭배의 마음을 구체화하고, 눈에 보이는 형식이 된 것이며, 그 기회에 주인과 손님이 모여 이 세상의 궁극의 행복을 함께 만들어 내는 신성한 역할을 담당하게 된 것이다. 다실茶室은 삭막한 일상생활에 윤기를 가져다주는 오아시스이며, 여기에 모인 여행자들은 함께 예술 감상의 샘을 서로 나누며 피로를 푸는 것이다.

다도는 차, 꽃, 그림 등을 모티브로 만들어낸 즉흥극이다. 방의 색조를 흐트러뜨리는 색, 동작의 리듬을 훼손하는 소리, 조화를 파괴하는 몸짓, 주변의 통일을 깨는 듯한 말 따위는 일체 없이 모든 움직임은 단순하고 자연스럽게 행해진다. 다도가 지향하는 것은 이러한 것이다. 그래서 이런 의도는 신기하게도 성취된다. 그 모든 배경에는 미묘하게 철학이 작용하고 있다. 다도는 모습을 바꾼 도교인 것이다.

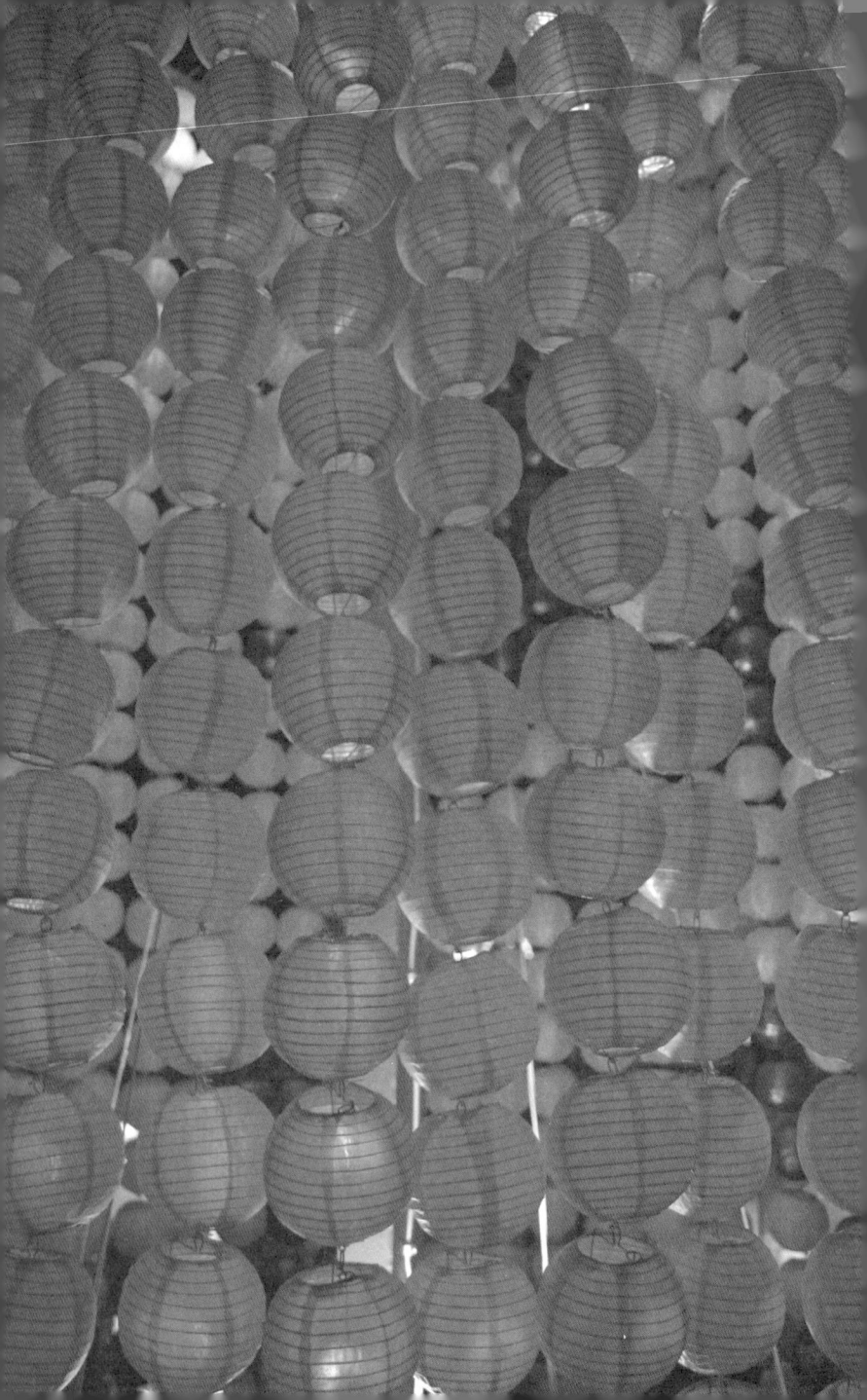

3장
도교와 선禪

차는 도교에 뿌리를 두고 있다

'도'란 영원의 성장

차가 선과 깊은 관계가 있다는 사실은 잘 알려져 있다. 이미 말했듯이 다도는 선의 예법으로부터 발전해왔다. 도교의 시조인 노자의 이름도 차의 역사와 밀접한 관계가 있다.

중국 풍속과 습관의 유래를 기록한 교과서에는 손님에게 차를 대접하는 예법이 노자의 수제자였던 관윤關尹이 함곡관函谷關에서 '노사老師' 즉 노자에게 한 잔의 황금 영약을 바쳤다는 고사에서 시작된다고 기술하고 있다. 이런 이야기가 진실인지 여부를 검토해보는 것은 도교도가 일찍부터 차를 애호해 왔음을 분명히 한다는 점에서 의미 있는 일이지만, 이보다 우리가 관심을 갖는 것은 인생이나 예술에 관한 도교와 선의 사상이 다도에 어떻게 구현돼 있는지 하는 점이다.

유감스럽게도 지금까지 도교와 선의 가르침에 관해 외국어로 적절히 소개된 것은 볼 수 없고, 몇몇 칭찬할 만한 시도도 없었던 것으로 생각된다.

번역이라는 것은 늘 원본을 배신하는 것 밖에 안 된다. 혹은 명나라의 어떤 작가가 말했듯이 아무리 좋아도 비단의 안쪽에 불과하다. 실로 짜여 있기는 하지만 미묘한 색과 문양이 제대로 나타나지 않는다. 그렇지만 어차피 위대한 사상 가운데 간단한 말로 설명할 수 있는 것은 없다. 옛날 현자들은 결코 체계적인 형태로 가르침을 말하지 않았다. 그들은 즐겨 역설적인 화법으로 말했는데, 이는 어설픈 이해를 우려했기 때문이다.

또한 일부러 어리석은 사람처럼 말함으로써 듣는 사람으로 하여금 깨우치게 하려 하기도 했다. 노자 자신도 독특한 유머를 담아 이런 식으로 말하곤 했다. "현명치 않은 사람들은 도道에 관해 들으면 크게 웃는다. 혹시 그들이 웃지 않는다면 이는 도가 아닌 것이다."

도란 문자 그대로 길이다. 지금까지 'Way도', 'Absolute절대', 'Law법칙', 'Nature자연', 'Supreme Reason구극의 도리', 'Mode양태' 등의 영어로 번역되어왔다. 이런 여러 가지 번역어는 모두 틀린 것은 아니다. 도교도는 사고의 내용에 따라 단어의 쓰임새를 바꾸어 왔기 때문이다. 노자 자신은 이런 식으로 말하고 있다.

"모든 것을 뱃속에 품은 채, 천지에 앞서 태어난 것이 있다. 그 얼마나 고요한 것인가. 그 얼마나 고독한 것인가. 혼자 일어나, 그 상태에서 변한 것이 없다. 편안히 자전해 만물의 어머니가 된다. 그 이름을 모르니 도라 부르자. 무한이라고 말해도 상관없다. 무한은 민첩하다는 것이며, 민첩하다는 것은 소멸한다는 것이며, 소멸한다는 것은 되돌아온다는 것이다."

다시 말해 도란 길이라기보다는 오히려 변화하는 것이다. 이는 만물 변전變轉의 섭리, 끊임없이 자신에게 돌아와서는 새로운 모습을 만들어 가는 영원한 성장이다. 도교도가 좋아하는 상징인 용처럼 빙글빙글 돌아 구름처럼 응집했다가는 흩어져 버린다. 도는 커다란 추이일지도 모른다. 주관적으로는 우주의 기라고 하는 것으로, 그 절대는 상대에 지나지 않는다고 생각한다.

유교와 도교

도교에 관해 우리가 우선 알아야 할 것은, 이 도교의 흐름을 이어 받게 되는 선과 마찬가지로 중국 남부의 개인주의적 경향을 반영하고 있다는 사실이다. 이는 유교로 대표되는 중국 북부의 공동체적 경향과 대조적인 점이다. 중국은 유럽 전체와 비슷할 정도로 광대한 나라이며, 국토를 가로지르는 두 개의 큰 강 유역으로 구분되는 2대 문화권으로 나뉘어 있다.

이 두 개의 큰 강, 즉 양자강과 황하는 유럽으로 말하면 지중해와 발트해에 해당한다. 수세기에 걸쳐 통합되어 있었음에도 불구하고, 지금도 북부 사람과 남부 사람은 사고방식이나 신조에 있어서 라틴족과 튜턴족이 다른 만큼 다르다. 하물며 지금보다 훨씬 교통편도 나빴던 옛날, 더구나 제후들이 대립하고 있던 봉건시대에 이 차이는 엄청난 것이었다. 예술이나 시도 전혀 취향이 달랐다.

노자나 그의 제자들, 양자강 강변의 자연파 시인들의 선구자 굴원屈原[035] 등에게는 공통하는 이상주의가 엿보이지만, 이는 동시대 북부 지역 문인들의 산문적인 윤리관과는 전혀 어울리지 않는 것이다. 노자는 기원전 5세기 사람이다.

도교 사상의 조짐은 노자老聃[036]의 출현보다 훨씬 이전에

---

035 기원전 4세기 초 중국 전국 시대 초나라의 정치가·시인
036 즉 긴 귀를 가진 사람으로도 불렸다.

이미 보인다. 중국의 고문헌, 특히 「역경」易經[037]은 노자 사상의 전조로 간주된다. 그러나 주나라가 성립한 기원전 16세기[038]에 정점을 맞은 중국 고대 문명에는 법과 관습이 중요했으므로 오랜 기간 개인주의는 발전을 저해 당했다.

때문에 자유로운 사고방식이 개화하게 된 것은 주나라가 분열해 많은 독립국가가 생긴 이후였다. 노자와 장자는 모두 남부 사람으로, 도교라는 이 새로운 학파의 위대한 창시자가 됐다. 한편 같은 시기 공자와 그의 많은 제자들은 예로부터의 관습을 유지하려 노력했다. 이 유교를 알지 못하면 도교는 이해할 수 없으며, 유교도 도교를 빼고는 이야기할 수 없다.

---

[037] 유교의 3대 경전 중 하나인 주역周易
[038] 정확히는 기원전 11세기경

절대는 상대다

믿을 수 없는 윤리·도덕

이미 말했다시피 도교에 있어서 절대는 상대 바로 그것이다. 윤리에 있어서도 도교도는 사회의 규칙이나 도덕률에 대해 조소적이었다. 그들에게 있어서 선이라든가 악이라든가 하는 것도 상대적인 것에 지나지 않았기 때문이다. 무엇인가를 정의한다는 것은 그것을 한정해 버리는 것이다. '확정'이라든가 '불변'이라든가 하는 것은 성장의 정지를 의미하는 단어에 불과하다.

굴원은 말한다. "성인은 세상과 함께 변해 가는 것이다"라고. 우리들의 도덕률은 과거 사회의 필요에서 생긴 것이지만, 사회는 늘 일정불변했을까? 공동체의 전통을 지키는 것은 국가를 위해 개인을 희생하는 것이 된다. 교육이란 강력하고 확고한 환상을 유지하기 위해 일종의 무지를 장려하는 것에 지나지 않는다. 사람은 실로 덕이 있는 인간이 되기 위해 교육 받는 것이 아니라, 단지 정해진 규칙을 벗어나지 않도록 행동할 것을 가르칠 뿐이다.

우리는 매우 자의식이 강한 불길한 존재다. 자신이 틀렸다는 것을 알고 있기 때문에 남을 허용하지 못하고, 남에게 진실을 말하기 두려워 양심을 속이려 하며, 자기 자신에 대해서도 진실을 말하는 것이 무서워 공연히 허세를 부림으로써 도피해 버리려한다. 이 세상 그 자체가 이렇게도 바보스러운데 왜 착한 척하려는 것인가.

사방을 둘러봐도 영혼이 거래의 대상이 되고 있다. 명예나 순결은 또 다 무엇이란 말인가 하는 식이다. 자랑스럽게 선과 진실을 상품으로 삼는 세일즈맨을 보면 알 수 있다. 종교라 말해지는 것도 돈으로 살 수 있다. 그런 것은 꽃이나 음악으로 그럴싸하게 신성한 듯이 꾸민 세상의 도덕에 불과하다.

교회에서 이런 장식물을 벗겨내면 도대체 무엇이 남을 것인가? 그래도 신앙심은 놀랄 정도로 번성하고 있지만, 이는 가격이 터무니없이 싸기 때문이다. 기도 한번으로 천국행 차표를 얻는가 하면 명예시민의 증명서도 손에 넣을 수 있다고 한다.

이런 세상에서는 빨리 숨는 쪽이 낫다. 당신이 세상에 도움이 될 인간이라는 사실이 알려지면 당장 경매에 붙여져 높은 가격을 부르는 자의 손에 넘겨져 버리게 될 것이기 때문이다. 어째서 남자나 여자나 모두 그렇게 자신을 팔아넘기려 하는 것일까? 이는 노예제도 이래의 본능인 것일까?

도교의 다채로운 영향과 풍부한 상상력

강력한 사상이라는 것은 동시대의 사상들을 논박해 무찔러 버리고 다음 시대의 움직임을 지배하는 것이다. 도교는 진나라에서 위력을 발휘했다. 진나라는 처음으로 중국을 통일했던 시대로 '차이나'라는 이름도 여기서 나왔다.

지금은 그럴 여유가 없지만 가능하면 당시 도교가 동시대의 사상가들, 수학자나 법률가, 병법가, 신비주의자나 연금술사, 그 후의 양자강변 자연파 시인들에게 얼마나 영향력을 미쳤는지 살펴보는 것도 한 가지 흥미로운 일이 될 것이다.

백마白馬는 하얗기 때문에 실재하는 것일까, 아니면 튼튼하기 때문에 실재하는 것일까를 논한 실재론자[039]들이나 선

---

039 속세를 떠나 청아한 담론을 즐기던 지식인 일파

의 철학자들처럼 순수나 추상이라는 것에 관해 논전을 벌인 육조시대六朝時代[040]의 청담파[041]도 잊어서는 안 될 것이다. 아무튼 경의를 표하지 않으면 안 될 것은 도교가 "옥처럼 온화하다"고 평가될 만큼 신중하고 세련된 중국인의 성격 형성에 기여한 점이다.

중국의 역사에는 왕과 제후나 은자 등 여러 도교 신봉자들이 그들이 믿는 가르침을 지키려고 한 여러 가지 흥미로운 이야기가 많이 전해 온다. 이러한 이야기는 교훈이나 재미로 가득 차 있으며 일화와 우화, 경구警句가 빠지지 않는다. 산적이 없기 때문에 죽은 적도 없다는 저 유쾌한 황제와 이야기라도 나눠 보고 싶다.

열자列子[042]와 함께 바람을 타고 가는 것도 재미있지 않은가. 자기 자신이 바람이 되는 것이니 이 얼마나 조용한 경지인가. 혹은 전설의 황하 노인과 함께 하늘에 살아볼까? 그 노인은 하늘에도 땅에도 속하지 않기 때문에 하늘과 땅 사이에 살고 있다는 것이다. 이처럼 오늘날 중국에서도 매우

---

040 229~589, 중국 삼국시대의 오吳·동진東晉 및 남조南朝의 송宋·제齊·양梁·진陳을 일컫는다.
041 사물의 실재, 비실재를 논의한 사상가들
042 선진 시대의 노장 사상가

기괴한 것으로 치부되며, 이름만 남은 도교에서 다른 종교에서는 발견할 수 없는 풍부한 상상력을 즐길 수 있는 것이다.

식초 맛을 보는 세 사람

그러나 도교가 아시아의 일상생활에 가장 크게 기여한 것은 미학의 영역에서다. 중국의 역사가들은 도교를 '이 세상을 살아가는 기술'로 논하는 것이 상례다. 왜냐하면 도교는 현재, 우리들 자신을 문제로 삼기 때문이다. 신이 자연과 만나는 것이나 어제가 오늘로 바뀌는 것도 우리들 가운데의 일로서 받아들이는 것이다.

현재란 끊임없이 변화해 가는 무한이 모습을 나타낸 것이며, 상대의 본래 터전이다. 이 상대성에 대해 어떻게 하면 바르게 대응할 수 있을까 하는 비결이 '이 세상을 살아가는 기술'인 것이다. 자신의 몸 주변 상황을 끊임없이 조정해 가는 기술이다. 도교는 이 세상을 있는 그대로 받아들이는 것이며, 불교나 유교와는 달리 한심스런 이 세상살이 속에서도 아름다움을 발견해 내려는 것이다.

식초의 맛을 보는 세 사람이라는 송나라의 우화는, 이 세 가지 사상적 특질을 잘 드러내 주고 있다. 석가와 공자와 노자 세 사람이 인생의 상징인 식초병을 앞에 두고 각각 손가락으로 찍어 맛을 보았다. 현실적인 공자는 시다고 말하고, 부처는 쓰다고 말하고, 노자 혼자 달다고 말했다는 것이다.

허虛의 움직임

인생이라는 연극은 모두가 조화를 마음에 새기고 있으면 항상 재미있을 것이라고 도교도는 주장한다. 사물의 밸런스를 지키고, 자신의 위치는 확보하면서 남에게도 양보하는 것이 이 세상의 드라마를 성공시키는 비결이다. 자신의 역할을 정확히 연기하기 위해서는 드라마 전체를 알고 있지 않으면 안 된다. 개인이라는 것을 생각할 때 이 전체의 것을 결코 놓쳐서는 안 되는 것이다.

이를 노자는 유명한 '허'에 대한 비유를 이용해 설명한다. 노자에 따르면 진실로 본질적인 것은 '허' 속에만 존재하는 것이라고 한다. 예를 들어 방이라는 것의 특질은 지붕과 벽 그 자체가 아니라, 지붕과 벽으로 둘러싸인 텅 빈 공간에 있다. 또한 물잔이 도움이 되는 것은 그 형태나 재질 때문이 아니라 물을 담을 수 있는 텅 빈 공간이 있기 때문이다.

허는 모든 것을 넣을 수 있기 때문에 모든 것을 할 수 있으며, 허에 의하지 않고는 운동이 불가능해진다. 자신을 텅 비워 다른 사람들이 출입할 수 있도록 하는 것을 체득한 사람은 어떤 상황에서도 자유롭게 자신을 컨트롤할 수 있게 될 것이다. 전체야말로 늘 부분을 지배하는 것이다.

이러한 도교도의 사고방식은 우리 아시아인의 운동에 관한 이론, 예를 들면 검도나 격투기의 이론에까지 커다란 영향을 끼쳐왔다. 일본의 호신술인 유술柔術[043]이라는 글자도 노자 「도덕경」의 한 구절에서 유래한다. 유술의 비결은 무저항, 허에 의해 상대의 힘을 끌어내 소모시키는 한편, 자신의 힘은 잘 보존해두었다가 최후에 승리하는 것이다.

예술에 있어서는 이런 원리의 중요성이 암시의 효용으로서 나타난다. 작품 속에 무엇인가를 그리지 않고 여백인 채로 남겨두는 것에 의해, 감상하는 사람에게 그 여백을 자기 나름대로 보충해 최종적으로 작품 내용을 완성할 수 있

---

[043] 맨손으로 치고, 찌르고, 차고, 던지고 하는 일본 전래의 격투기. 이것을 개량한 것이 유도라는 설이 있다.

는 기회를 준다. 이렇게 해서 위대한 걸작은 감상자의 주의를 끌고, 나아가 감상하는 사람은 자신이 작품의 일부가 돼 버리는 듯이 생각하게 되는 것이다. 결국 여기서 허는 감상자를 끌어들여 그 미적 감정을 마음껏 발휘케 하는 터전이 된다.

살아가는 기술을 체득한 사람이 도교도가 말하는 진짜 인간, 즉 도사道士다. 이 세상에 태어난다는 것은 그런 도사에게 있어서는 몽환의 세계에 들어가는 것이며, 죽어서야 비로소 진짜 세계에 눈을 뜨는 것이다. 그는 자신의 총명함을 억눌러 남들의 어리석음과 하나가 된다.

그는 "겨울 강을 건너는 사람처럼 조심조심하며, 주위를 꺼리는 사람처럼 벌벌 떨며, 손님으로 초대 받은 사람처럼 공손하게, 녹아내리는 얼음처럼 흐물흐물 흔들리며, 조각되지 않은 나무토막처럼 얌전하며, 골짜기처럼 텅 비어있으며, 세차게 흐르는 물길처럼 혼돈된 채로 있다." 도사에게 있어 인생의 세 가지 보물은 자비와 절제와 겸허다.

도교에서 선禪으로

선의 성립

이야기를 선으로 돌려보자. 우선 이야기할 수 있는 것은 선이 도교의 가르침을 강조하고 있다는 점이다. 선이라는 단어는 산스크리트어의 '선나'禪那; Dkyana에서 유래하며 명상을 의미한다. 이것이 지향하는 바는 영적인 명상을 통해 구극의 자기실현을 달성하는 것이다. 명상은 깨달음에 도달하기 위한 6가지 방법 가운데 하나이지만, 선종에서는 특히 이 명상이 석가 만년의 가르침에 있어서는 중점적인 것으로 부각돼 석가의 수제자인 가섭迦葉에게 그 방법이 전수됐다고 이야기하고 있다.

이 종파의 구전에 따르면 선의 시조인 가섭이 그 비법을 아난타阿難陀에 전했고, 이후 차례차례 전해져 제28대 보리달마菩提達磨에 이르렀다. 보리달마는 6세기 초 인도에서 중국 북부로 들어와 중국 선의 시조가 됐다.

이런 조사祖師들과 그들의 가르침의 역사에는 여러 가지 불명확한 점이 많지만, 철학적인 면에서 말하자면 초기의 선은 한쪽은 용수龍樹; 150~250, 본명 나가르주나의 인도 부정론044이 있으며, 다른 한쪽에는 상갈라아도리商羯羅阿闍梨가 교의로 삼은 무명관無明觀045에 가까운 것이었던 듯하다.

오늘날 우리들에게 친근한 선의 개조開祖는 중국 제6대 조사 혜능慧能; 638~713이라 말할 수 있다. 그는 중국 남쪽 지방에서 널리 퍼졌기 때문에 남종선으로 불리는 종파의 창시자다. 이어 혜능의 후계인 마조馬祖; 708~788에 의해 선은 중국인의 일상생활에 살아있는 감화를 미치게 됐다. 마조의 제자인 백장百丈; 719~814은 처음으로 선의 사찰, 즉 선림禪林을 열어 그 의례절차와 계율을 정했다.

마조 이후 선종의 사상을 더듬어 내려오면 양자강 문화가 작용하고, 인도의 관념론과는 대조적인 중국 토착의 발상이 비중을 더해 감을 알 수 있다. 남종선과 노자, 혹은 도교 청담파의 유사성은 놀랄 정도다. 「도덕경」에는 이미 정신집중이 중요하며, 바르게 호흡을 하는 것이 필요하다고 적

---

044 일체의 것이 독립적으로 존재할 수 없으며 공空의 입장에서 보는 중도적 입장
045 이 세상의 여러 가지 현상은 환상이며 실재하는 것이 아니라는 입장

혀 있는데, 실로 이는 선의 명상을 실천할 때 그 요체가 아닐 수 없다. 노자의 사상에 관한 가장 좋은 주석 가운데 몇몇은 선을 연구한 학자에 의해 쓰여졌을 정도다.

모순 속에 진리가 있다

선에서는 도교와 마찬가지로 상대성이라는 것이 중시된다. 한 노 스승은 신을 정의하며 남쪽 하늘에서 북극성을 느끼는 것 같은 방법이라고 말했다. 서로 대립하는 것을 이해하는 것에 의해서만 진리에 도달할 수 있다는 것이다. 또한 선 역시 도교와 마찬가지로 개인주의를 강하게 옹호한다. 우리 자신의 정신에 관계되는 것만 실재한다는 것이다.

6대 조사 혜능은 어느 날 불탑의 깃발이 나부끼는 것을 바라보는 두 명의 승려를 만났다. 그 중 한명은 "움직이는 것은 바람이다"고 말했고, 다른 한명은 "깃발이다"고 주장했다. 거기서 혜능은 그들에게 이렇게 말했다고 한다. "진짜로 움직이고 있는 것은 바람도 깃발도 아니고 너희들 자신의 마음 속 무엇인가이다"라고.

백장이 제자와 숲속을 걷고 있는데 토끼 한 마리가 그들이 접근하는 것을 보고 달아나버렸다. 백장이 물었다. "왜 토끼가 도망갔을까?" 제자가 대답했다. "내가 무서워서겠지요." 그러자 스승이 말했다. "아니다. 네게 잔인한 본능이 있기 때문이다."

이 문답은 장자의 이야기를 생각나게 한다. 어느 날 장자가 친구와 강둑을 거닐고 있었다. "참으로 즐겁게 물고기들이 물속에서 헤엄치고 있구나"라고 장자는 감탄했다. 이 말을 들은 친구가 말했다. "자네는 물고기도 아닌데 어떻게 물고기들이 즐거워하는지 아는가?" 장자가 대답했다. "자네는 내가 아닌데 어떻게 물고기들이 즐거워하는지를 내가 아는지 모르는지를 아는가?"

자기 자신 속에서 부처를 찾는다

도교가 유교와 대립했던 것처럼 선은 때때로 정통적인 불교와 대립했다. 철저한 깨달음을 지향하는 선에 있어서 말은 명상의 방해물에 지나지 않으며, 불경의 구절구절을 독파해 봐야 겨우 개인적인 사색에 주석을 가한 정도에 지나지 않는다. 선의 수행자는 사물에 내재하는 본질과 직접적으로 교류하는 것을 지향하며, 외면의 껍데기는 진리를 순수하게 파악하는데 장애밖에 되지 않는 것으로 간주한다.

이 같은 추상성 지향의 영향으로 선에서는 정성들여 색채를 입힌 고전적인 불화佛畵보다 흑백만으로 그린 수묵화를 좋아한다. 또한 선을 수행하는 사람들 중에는 불상이나 상징보다는 오히려 자기 자신 속에서 부처를 찾아내려 마음먹은 나머지 우상 파괴로 나아가는 사람까지 있다.

어느 겨울 추운 날 단하화상丹霞和尙이라는 선승이 불을 피우려 나무로 만든 불상을 쪼개는 것을 보고 옆에 있던 사람이 "이 무슨 벌 받을 짓이냐?"고 놀라 소리쳤다. 그러자 화상은 조용히 답했다. "나는 재에서 사리[046]를 골라내려 했을 뿐이다."

"그저 불상에 지나지 않는데 사리가 나올 리 없지 않느냐?"고 상대가 화를 내며 반론하자 단하는 "혹시 찾아낼 수 없다면 이것은 부처일 리 없다. 그렇다면 벌을 받을 리도 없을 것이다"라고 대답하며 모닥불에 몸을 녹였다고 한다.

---

046 부처님의 유골

生활 속의 위대함

선이 동양사상에 특히 공헌한 것은 매일 매일의 단조로운 일상생활에 대해 종교적 의례 등과 마찬가지의 중요성을 인정했다는 점이다. 이 세상의 사물을 서로 이어주는 광대한 상관관계에서 본다면 크고 작음 같은 것은 구별할 가치도 없으며, 한 개의 원자 속에는 우주 전체와 마찬가지의 가능성이 내포돼 있다고 말하는 것이다.

완전을 추구하려는 사람은 자기 자신의 생활 속에 내재하는 빛의 반사된 모습을 찾아내지 않으면 안 된다. 이러한 관점에서 보면 선원禪院[047]의 구조에는 실로 의미 깊은 것이 있다. 원장 스님을 제외한 모든 스님은 선원의 운영 유지를 위해 무엇인가의 일을 자기 자신에게 알맞게 나눠 갖고 있으며, 더욱 재미있는 것은 신참의 견습 제자 등에게는 비교적 가벼운 일을 맡기는 반면 연륜을 쌓은 존경받는 스님 쪽이 오히려 모두가 싫어하는 비천한 일을 맡는다는 것이다.

이러한 일의 분담은 선 수행의 일부이며, 따라서 아무리 사소한 것도 철저하고 완벽하게 해내지 않으면 안 된다. 이

---

047 절과는 달리 선을 공부하는 사람들의 거처이자 배움터

렇게 마당의 풀 뽑기를 한다든가, 무의 껍질을 벗긴다든가, 차를 타든가 하면서 많은 중요한 논의가 계속된 것이다. 다도의 이념은 모두가 일상생활의 사소한 일들 가운데서 위대함을 찾는다는 이 선의 사고방식에서 유래한다. 도교에 의해 그 미학적 이념의 기초가 구축되고, 선에 의해 그것이 구체화되었다.

4장
다실

이단의 건축

다도 정신의 결정체

돌과 벽돌로 만드는 건축 전통에 익숙한 서양의 건축가들이 본다면 나무와 대로 집을 만드는 일본인의 방법은 건축이라고 부를 수 없다고 여길지 모른다. 한 유명한 서양 건축가가 일본 사찰 건축의 훌륭함에 경탄해 칭찬한 것[048]도 극히 최근의 일이다. 정통적인 건축에 관해서도 이런 상황이니 다실 건축의 섬세 미묘한 아름다움이라는 것을 외국인이 이해하기 바라는 것은 거의 기대할 수 없으리라. 그럴 정도로 다실의 건축과 장식 원리는 서양과 전혀 다르다.

다실[049]은 단지 조그만 별채, 즉 초가집 이상이 아니다. 스키야라는 말은 원래 '스키야 好き家', 즉 자기 취향의 집이라는 의미의 한자에 해당되지만, 나중에는 다도 대가들의 다실에 관한 각각의 생각에 따라 여러 가지 한자로 바뀌었다. 예컨

---

048 랠프 크램의 「일본 건축과 주변 예술의 인상」 1905년, 뉴욕
049 일본어로 스키야 **數寄屋**

대 '스키야空き家', 즉 텅 빈 작은 집이나 혹은 '스키야數寄屋', 즉 비대칭의 작은 집을 의미하게 되기도 했다.

'자기 취향의 집好き家'이란 그때그때의 시심詩心을 담기 위해 지어진 임시 건물이라는 뜻이기도 하며, '빈집空き家'이란 역시 그때그때의 미적 요구에 응해 배치된 것을 제외하고는 다른 필요 없는 장식은 모두 없애버렸다는 의미이다. 또 '비대칭의 집數寄屋'은 무엇인가의 요소를 일부러 미완성인 채로 남겨 둠으로써 상상력이 그 끝맺음을 할 수 있도록 하려는 생각에서, 애써 불완전이라는 것을 존중하려는 정신을 상징하고 있다.

이런 다도의 여러 이념은 16세기 이래 일본 건축에 깊은 영향을 주게 되었다. 그 결과 오늘날 일반적인 일본 집의 내부 장식도 극도의 단순함과 세련미로 인해, 외국인에게는 거의 무미건조하다고 여겨질 정도다.

소박하면서 세련되다

최초로 독립된 다실을 만들어 낸 것은 후에 센노리큐千利休라는 이름으로 알려지게 된 다도의 대가 중의 대가 센노소에키 千宗易 다. 그는 16세기 도요토미 히데요시 豊臣秀吉 의 비호를 받아 다도의 여러 예법을 만들어 완성의 경지로까지 높였다.

다실의 규격은 앞서 15세기의 유명한 다도 대가인 죠오 紹鷗 가 만들었다. 초기의 다실은 차 모임을 위해 보통의 방에 병풍으로 구획을 지은 것뿐으로, 별도로 구획된 장소를 '가코이 囲い'라 불렀다. 이 '가코이'라는 이름은 지금도 독립가옥이 아니라 주거의 한 구석에 만들어진 다실을 지칭하는 말로 쓰이고 있다.

스키야는 다실 그 자체와 미즈야 水屋, 마치아이 待合, 그리고 로지 露地 가 하나의 세트를 이룬다. 이 가운데 다실은 "그레이스=미의 3여신 보다는 많고, 뮤즈=예술의 9여신 보다는 적다"는 말을 연상시키듯이 많아도 5명 정도가 겨우 들어갈 만한 넓이로 설계되어 있다.

미즈야는 다구를 씻거나 준비를 하는 곳이고, 마치아이는 다실 안으로 들어오라는 부름이 있기까지 손님들이 기다리는 장소이다. 이 마치아이와 다실을 잇는 정원의 작은 길이 로지다. 다실은 언뜻 보면 그다지 눈길을 끄는 곳은 아니다. 아주 작은 일본 집보다도 작고, 건축에 쓰인 재료는 모두가 소박하면서도 세련된 인상을 주게끔 주의를 기울였다.

여기서 잊어서는 안 될 것은 이 모두가 깊은 예술적 배려에 기초하고 있다는 사실로, 제아무리 호화롭고 거창한 궁전이나 사원 건축에도 뒤지지 않는다는 생각으로 세세한 부분이 만들어졌다는 것이다. 수준이 아주 높은 다실은 일반적인 저택보다도 건축비가 비싸게 든다. 무엇보다 그 재료 선택은 물론 복수의 솜씨 등에 엄청난 주의와 정확도가 요구되기 때문이다.

사실 차의 대가들에게 고용된 목수들은 칠 가구의 장인들에 뒤지지 않는 섬세한 일솜씨로 장인들 사이에서도 각별한 높고 명예로운 지위에 있다.

일본의 전통적 건축물

다실은 서양의 어떤 건축과도 다를 뿐만 아니라 일본의 전통적인 건축과도 대조적이다. 일본에서 옛날부터 내려오는 장엄하고 화려한 건축은 세속적인 것이건 종교적인 것이건, 그 엄청난 규모에서 보더라도 얕볼 수 없다. 그런 것들 가운데 화재에 의한 파괴 등을 면해 오랜 기간 남아있는 몇몇을 보면 지금도 그 당당한 위용, 현란한 장식의 훌륭함에 압도되지 않을 수 없다.

직경 60~90㎝, 높이 9~12m 가량의 나무기둥을 복잡하게 엮은 가로대에 의해 거대한 대들보가 지탱되고, 그 대들보가 엄청난 무게의 기와지붕을 이고 있다. 이러한 건축 소재나 양식은 불에는 약하지만 지진에는 강하며, 일본의 기후 조건에도 적합하다.

호류지法隆寺의 금당金堂, 야쿠시지藥師寺의 탑 등은 일본 목조 건축의 내구성을 보여주는 좋은 예다. 이러한 건물은 거의 12세기라는 오랜 세월에 걸쳐 조금도 썩지 않고 건립 당시 그 상태를 보존하고 있다. 또한 오래된 절이나 궁전의 내부 장식은 옛것이라고는 상상할 수 없을 만큼 호사스런 것으로, 우지宇治의 호오도鳳凰堂는 10세기 때의 건물이지만 지금도 그 정교 치밀한 솜씨를 뽐낸 천개天蓋나 금박을 입힌 묘개廟蓋 대부분이 아름답게 채색된 채 남아있다. 거기에 거울이나 나전이 박혀있으며, 과거 벽면을 덮었던 그림이나 조각 등도 그대로다.

시대가 한참 흐른 뒤에 만들어진 닛코日光 도쇼구東照宮[050]나 교토京都의 니조죠二條城[051]를 보면 장식이 너무 화려해 건축 쪽이 오히려 눈에 띄지 않을 정도지만, 그 색채나 세세한 부분에 있어서의 훌륭한 솜씨는 최상급의 호화로움을 자랑하는 아라비아나 무어인[052]의 미술에도 필적할 만하다고 말할 수 있다.

---

050 도쿠가와 이에야스德川家康를 모신 신사
051 도쿠가와 이에야스가 정권을 장악한 뒤 지은 성
052 이베리아 반도를 점령했던 아랍계 이슬람교도

다실은 선 정신의 결정체다

「유마경維摩經」에서

이에 비해 다실이 간소, 순수함을 지향한 것은 바로 선원禪院에서 배운 것이다. 선원은 다른 불교 종파와는 달리 스님들의 주거용으로 만들었다. 이 성스러운 곳은 기도를 올리거나 참배를 하기 위한 장소가 아니라, 수행하는 스님이 서로 의논을 한다든가 명상을 하기 위해 모인 배움터인 것이다.

거기에서는 불단佛壇의 뒤쪽 정면 벽을 도려낸 곳에 종파의 창시자인 달마나 초기의 두 조사祖師, 가섭과 아난타를 거느린 석가모니상이 모셔져 있는 것 외에는 아무런 장식도 없다. 불단에는 이들 조사가 선을 위해 노력한 덕을 칭송하는 꽃과 향이 바쳐져 있다. 앞서 말한 것처럼 다도의 근본이 된 것은 달마상 앞에서 하나의 바리때[053]로, 순서에 따라 차를 마시던 선승들이 정한 의례다.

---

053 절에서 쓰는 승려의 공양 그릇

덧붙여 말하자면 선원의 불단이 후에 도코노마床の間, 즉 일본식 손님 접대용 방의 정면 한 단 높은 곳에 그림이나 꽃으로 장식한 자리의 원형이 되는 것이다.

일본의 위대한 차의 대가들은 모두 선을 공부하고, 그 정신을 일상생활에 반영한 것으로 전해진다. 그 결과 다실은 다구와 마찬가지로 많은 점에서 선의 교의를 반영하고 있다. 정식의 다실 넓이는 다다미 4쪽 반, 즉 8㎡ 정도지만 이는 「유마경」의 일절에서 유래한다.

이 흥미와 정취가 풍부한 책에 따르면 유마힐維摩詰[054]이 문수보살文殊菩薩[055]과 8만4천 불제자들을 이 넓이의 방에서 맞았다고 하지만, 이는 진실로 깨달음을 얻은 자에게는 공간과 같은 것이 존재하지 않는다는 가르침의 비유에 다름이 아니다.

---

[054] 초기의 선종에서 매우 중요시된 유마경의 주인공. 재가 신자로 불교의 진수를 체득하고 청정한 행위를 실천하며 가난한 자에게는 도움을 주고 불량한 자에게는 훈계를 주어 올바른 가르침을 전하고자 노력하였다고 한다.
[055] 대승불교에서 최고의 지혜를 상징하는 보살

로지露地, 자기 깨우침으로의 이행

로지는 마치아이待合에서 다실로 이어지는 정원의 작은 길이지만 이것도 명상의 제1단계, 즉 자기 깨우침으로의 이행을 촉구하는 것이다. 외계와의 연결을 끊고 신선한 감수성을 불러일으키며, 다실에서의 미적 체험을 완전히 맛볼 수 있도록 준비시키는 것이다.

이 정원의 작은 길에 발을 들여놓은 사람은 잊지 못할 생각을 떠올리게 된다. 어슴푸레한 녹색 가운데 마른 솔잎이 흩어져 있고, 제각기 보이는 듯하면서도 이상하게 조화를 느끼게 하는 징검돌을 건너, 이끼 핀 석등石燈 옆을 지나 걸어가는 동안 점차로 속된 마음은 사라지고 정신이 훨훨 날아가게 된다. 다실이 거리 한복판에 있어도 문명의 먼지와 소음을 멀리 떠난 숲 속에 있는 듯한 마음가짐이 되는 것이다.

이런 정적과 순수함의 효과를 만들어 내는 다인들의 교묘함은 대단한 것이다. 로지를 지나갈 때 불러일으키는 감각은 다인마다 다르다. 리큐 같은 사람은 구극의 고독을 지향했으며, 로지를 만드는 궁극의 뜻을 다음과 같은 시가에서 찾았다.

꽃도 없고

단풍도 없다.

파도치는 곳에

외로이 작은 집 한 채 있을 뿐.

가을 저녁 무렵

희미한 빛 속에

-후지와라 사다이에 藤原定家 1161~1241 의 시

한편 고보리 엔슈 小堀遠州, 1579~1647 같은 다인은 다른 효과를 추구해 로지의 착상을 다음과 같은 자작시에 담았다.

여름 나무의 무성함

바다가 그 사이로 조금 보인다.

희미한 저녁 달

엔슈가 말하려는 것을 이해하기는 어렵지 않다. 그는 아직도 과거의 어렴풋한 꿈속을 헤매면서도 새롭게 눈을 뜨려는 혼의 상태를 보여주려는 것이다. 부드러운 영적 빛살에 휩싸여 더 이상 바랄 수 없는 감미로운 망아 忘我 의 상태에

4장 다실

젖어있으면서도 저 멀리로 넓어져 가는 자유를 동경하기도 하는 혼의 상태다.

물이 끓는 소리만이 들린다

이렇게 해서 마음을 진정시킨 뒤 초대 받은 손님들은 조용히 다실이라는 성역에 다가간다. 손님이 사무라이라면 칼을 처마 밑 칼걸이에 두지 않으면 안 된다. 다실은 각별히 평화를 존중하는 공간이기 때문이다. 그리고 그는 몸을 숙여 높이 1m도 되지 않는 조그만 입구를 기듯이 지나 실내로 들어간다. 이 예법은 신분의 상하를 막론하고 모든 손님에게 부과된 것으로, 겸양의 마음을 자각시키기 위한 것이다.

마치아이에서 기다리던 동안 서로 나누었던 이야기로 결정된 순서에 따라 손님들은 한 사람씩 소리를 내지 않고 다실에 들어가 각각의 자리에 앉아 우선 도코노마의 걸개그림이나 꽃을 감상한다. 모든 손님이 착석해 사방이 조용해진 가운데 단지 쇠솥에서 물이 끓는 소리만이 들리는 듯한 순간, 드디어 주인이 들어온다.

솥 밑바닥에는 쇳조각을 두어 물이 끓는 것에 맞춰 영묘한 소리가 나도록 되어 있다. 이 소리에 따라 생각에 잠긴 손님들은 구름에 싸인 폭포의 울림, 먼 바다에서 들려오는 바위에 부딪히는 파도 소리, 대나무 숲을 지나는 바람과 비 소리, 어딘지 머나먼 산의 소나무 숲에서 나는 소리 등을 제각기 듣는 것이다.

아름답고 자연스러운 청결함

낮인데도 다실 안은 어둑어둑하다. 지붕이 경사를 이루고, 처마가 낮아 햇빛이 아주 조금 밖에는 들어오지 않기 때문이다. 천정에서 방바닥까지 실내는 모두 수수한 색조로 정리돼 있다. 손님들도 주의해서 소박한 색조의 옷차림을 하고 온다.

모든 세간=살림살이은 해를 거듭하면서 닳은 티가 나는 것으로 통일되어 있으며, 새 것 같은 물건은 금기시된다. 유일한 예외는 대나무 국자와 마麻로 된 수건이다. 이것만은 흠 하나 없는 순백색으로 새것이 아니면 안 되며, 다른 세간들과 선명한 대조를 보인다.

다실이든 다구든 색이 바래있기는 하지만 철저하게 청결하지 않으면 안 된다. 아무리 어둡다 해도 티끌 하나 있어서는 안 된다. 그런 것이 있다면 주인은 더 이상 다인이라 할 수 없다. 차의 대가가 되기 위한 기본 조건의 하나는 어떻게 깨끗이 청소하고 씻을까를 체득하는 것이다.

청소에도 기술이 있다. 오래된 금속제품 등은 네덜란드의 주부처럼 무턱대고 힘을 주어 닦아서 되는 것이 아니다. 화병에서 떨어지는 물방울을 닦아서도 안 된다. 신선한 이슬을 떠올리기 때문이다.

이것과 관련해 센노리큐가 다인이 생각하는 청결함이란 어떤 것인지 알려주는 에피소드가 있다. 어느 날 센노리큐는 아들 쇼안少庵이 로지를 쓸고 물을 뿌리는 것을 보고 있었다. 쇼안이 작업을 끝내자 "아직 충분치 않다"며 다시 한 번 하도록 명했다. 그러자 쇼안이 다시 한 시간 정도에 걸쳐 처음부터 다시 한 뒤 완전히 지쳐 리큐에게 이렇게 투덜거렸다.

"아버지, 이 이상은 더 할 것이 없습니다. 징검돌은 세 번이나 씻었고 석등이나 나무에도 충분히 물을 주었습니다. 이끼는 푸릇푸릇하고 땅도 나뭇가지 하나, 낙엽 한 잎도 떨어져 있지 않습니다."

그러자 센노리큐는 '미숙한 놈'이라고 꾸짖었다.

"로지는 그런 식으로 청소하는 것이 아니다."

이렇게 말하고 센노리큐는 마당에 내려가 나뭇가지 하나를 흔들어 마당 한 편에 금색과 붉은 색의 나뭇잎을 흩뿌려 흡사 가을 비단을 조각조각 잘라 뿌려 놓은 듯 만들었다. 센노리큐가 요구한 것은 단지 청결한 게 아니라 아름답고 자연스러운 것이었다.

스키야 好き屋, 자기 취향의 집

개인의 취향에 맞춘 집

'스키야好き屋'는 어딘지 개인적인 미의식의 요구에 맞춰 지은 건축이라는 의미를 포함하고 있다. 다실 때문에 다인이 있는 것이 아니고, 다인이 있기에 다실이 만들어진 것이며, 그렇다면 후세까지 남기는 것이 본뜻이 아니라 오히려 일시적인 것이라는 게 본래의 의미에 가까우리라.

누구나 자기 자신의 집을 갖고 있다는 생각은 일본 민족 고래의 관습에서 내려온 것으로, 신도神道[056]에서는 모든 집이 다 그 주인이 죽은 후에는 버려져야 한다고 돼 있어 이에 따른 것이다. 아마도 이런 관습에는 무엇인가 이해할 수 없는 위생상의 이유도 있을 것이지만, 그 외에도 옛날부터의 관습으로서 신혼부부에게는 새로 지은 집을 만들어 주지 않으면 안 된다는 이유도 있었다.

---

056 일본 민족 사이에서 발생한 고유의 민족 신앙

고대 일본에서 흔히 수도가 여기서 저기로 옮겨지는 이유도 이런 관습에 따른 것이다. 아마테라스오미카미天照大神[057]를 제사지내는 이세신궁伊勢神宮의 건물이 20년마다 다시 지어지는 것도 바로 오늘날까지 계속된 이런 옛날부터의 의례 가운데 한 예일 것이다.

따라서 이런 관습이 지켜져 온 것은 일본의 목조건축 방식이 해체하기도 쉽고, 조립하기도 쉬웠기 때문이기도 했다. 벽돌이나 돌로 만든 것은 오래 지속되는 건축이지만 이처럼 옮겨 짓기에는 합당치 않았을 것이다. 사실 일본에서도 나라 시대 이후에는 중국에서 들여온 목조 건축 양식이 널리 퍼져, 보다 튼튼하고 무거운 건축에서는 이처럼 옮겨 짓는 일은 보이지 않는다.

그러나 15세기에 들어서자 선의 개인주의가 널리 퍼지면서 일본 전통의 건축 사상이 보다 깊은 의미를 갖고 다시 살아나 다실을 낳았다. 선은 불교적인 무상無常의 관념 또는 정신이 물질을 지배하지 않으면 안 된다는 관념에 따라, 집이라는 것도 일시적으로 몸을 쉬는 피난소에 불과하다고 간

---

057 일본 신화의 해의 여신. 일본 황실의 조상으로 여겨지고 있다.

주했다. 신체 자체가 들판에 아무렇게나 지은 허술한 집과 같은 것, 주위에 자란 풀을 엮어 만든 초라한 건물 같은 것에 지나지 않아서, 그 엮은 곳이 풀어지면 당장 들판의 티끌로 변해 버린다.

다실 건축에서는 이런 허무함이 여기저기에 암시되어 있다. 초가지붕이나 약해 빠진 가는 기둥, 대나무가 떠받치는 허약함, 그 밖의 모든 소재가 별도의 손질을 하지 않은 채 쓰이고 있는 것 등이 그것이다. 영원이란 물질이 아니라 정신에서만 발견할 수 있는 것이어서, 이런 간소한 건물은 그 정신의 표현이며, 그렇기 때문에 최고로 세련 것이 희미한 빛을 발하여 이처럼 아름다운 것이다.

과거의 모방이 아니다

다실이 개인적인 취향에 맞춰 지어져야 한다는 것은 예술 활성화의 원리를 뒷받침하는 것이기도 하다. 예술은 그 시대의 삶에 정확히 부응하는 것이어야 비로소 진실로 이해될 수 있다. 결코 후세의 평가를 무시해도 좋다는 것은 아니지만 그보다 먼저 현재를 충분히 즐겁게 지내지 않으면 안 된다.

과거에 만들어진 것을 경시해서는 안 되지만 그것을 현재 우리들의 의식, 감성에 동화시키는 것이 필요하다. 전통이나 정해진 의식에 따르는 것만으로는 건축에 있어서 개인성의 표현에 족쇄를 채워 버리게 된다. 현대 일본에 보이는 서양 건축의 무의미한 모방은 한탄스러울 뿐이다. 서양 선진국에 있어서도 마찬가지로 독창성을 결여하고 시대착오적 양식을 거듭하는 듯한 경향이 범람하고 있는 것은 무슨 일인가?

분명히 우리는 현재 예술에 있어서 민주화의 시기를 경험하고 있는 것일 게다. 그리하여 언젠가 영웅적인 천재가 나타나 새로운 왕조를 구축해 주기를 기다리고 있는 상태다. 옛 사람을 모방하는 것이 아니라, 사랑하는 것이라면 좋겠다. 고대 그리스인이 위대한 것은 결코 과거에 기대지 않았기 때문이라고 말해지지 않던가.

다실의 장식 원리

'스키야空き屋; 빈 집'라고 하는 것은 빈 것이 만물을 내포한다는 도교의 교의 외에도, 장식의 여러 요소는 끊임없이 변화할 필요가 있다는 사고방식이 반영되어 있다. 다실은 그때그

때의 미적 감정을 채우려 준비된 것 이외에는 완전히 비어있지 않으면 안 된다. 어떤 다회를 위해 특별한 미술품을 옮겨 오면 이에 맞춰 다른 것들은 모두 이 중심 주제의 아름다움이 드러날 수 있게 선별되고, 정리된다.

몇 개의 음악을 동시에 듣는 것이 불가능하듯이 미라는 것도 무엇인가 중심이 되는 요소에 집중해야 비로소 제대로 이해할 수 있다. 그래서 일본 다실에 있어서의 장식 원리는 서양의 경우와는 반대가 된다. 서양에서는 집을 너무 장식한 나머지 미술관으로 바뀌어 버린 예가 적지 않다. 간소한 장식을 마음속에 간직하며 빈번하게 장식의 수법을 바꾸는 데에 익숙한 일본인들이 보기에는 그림이나 조각을 잡동사니처럼 잔뜩 늘어 세워 몸을 움직일 수도 없이 한 서양의 집은 단지 벼락부자의 과시로 밖에는 느껴지지 않는다.

단 한 점의 걸작이라도 집중해서 바라보며 즐기는 데는 상당한 감상력이 요구된다. 그런데 서양의 집들에서 흔히 볼 수 있듯이 엄청난 색채나 형태가 넘쳐나는 한 가운데서 생활한다는 것이 예술적 감성을 지니고 있다는 자랑이 될 수 있는 것인지 모르겠다.

불완전을 완전으로 완성해 버리는 정신의 움직임

'스키야數寄屋', 즉 비대칭의 집이라는 것은 일본 장식 원리의 또 다른 특성을 보여주고 있다. 서양의 비평가들은 일본의 미술품에 대칭성이 보이지 않음을 흔히 논해 왔는데, 이 또한 도교 사상이 선을 통해 나타난 바로 그 결과인 것이다. 아시아에서도 이원론에 깊이 뿌리를 둔 유교나 삼존숭배三尊崇拜[058]를 행해온 북방 불교에서 대칭성 표현이 인정되지 않았던 것은 아니다.

사실 중국의 청동기 유물이나 당나라 시대, 일본 나라 시대 종교 미술을 보면 늘 대칭성을 추구했음을 알 수 있다. 일본의 고전적 실내 장식에서도 분명히 규칙성이 보인다. 그러나 도교와 선의 완전에 관한 사고방식은 이런 것들과 다르다. 그 철학은 훨씬 다이내믹한 것으로 완전 그 자체보다 완전을 추구하는 과정을 중시한다.

진정한 아름다움은 불완전한 것을 앞에 두고, 마음속에서 완전한 것으로 완성해 내려는 정신의 움직임, 바로 거기서 발견된다는 것이다. 인생이든, 예술이든 여기서 더욱 성

---

058 아미타여래, 약사여래, 석가여래 등 세 여래나 각각의 여래와 그들의 두 협시보살을 숭배하는 불교의 경향.

장할 수 있는 가능성이 있어야만 살아 움직이는 것이 된다. 다실에 있어서는 손님 한 사람 한 사람이 자기 자신과의 조화를 생각하면서, 전체의 효과를 마음속에서 완성해가도록 자연스럽게 놔두는 것이다.

그런 가운데 선의 사상이 점점 넓어지면서 극동의 미술에서는 대칭성을 피하게 된 것이다. 대칭성은 그야말로 완전한 것이 아니라 반복해서 나타난 것이며, 이러한 균질적인 디자인은 생생한 상상력을 펴기에는 치명적이라고 간주되기에 이르렀다.

또한 사람보다는 풍경이나 꽃, 새를 즐겨 그리게 됐다. 왜냐하면 그림의 소재로서 사람은 감상자 자신 속에 이미 존재하고 있어 반복이 되어버리고 말기 때문이다. 우리 대부분은 아무리 앞장서서 나서기를 좋아하고 또 자기도취가 강하다고 하더라도, 더 이상 자신을 바라보며 기쁨을 느끼는 것은 단조롭고 싫증 나는 일일 수밖에 없다.

외계로부터 차단된 진정한 성역

다실에서는 반복을 피해야 한다는 것을 늘 마음속에 간직하고 있다. 실내를 장식하기 위해 선택된 여러 가지 미술품은 색이나 모양이 중복되지 않도록 해야 한다. 꽃꽂이를 해 놓을 경우 꽃 그림은 허용되지 않는다. 둥근 솥을 사용할 때 물그릇은 네모난 것으로 한다. 검은 유약을 쓴 찻잔에 차와 함께 먹는 것으로 검은 칠을 한 대추는 맞지 않는다.

도코노마에 꽃병이나 향로를 장식했다면 그것을 한 가운데에 놓지 않도록 신경을 쓴다. 한가운데 놓으면 도코노마의 공간을 이등분해 버리기 때문이다. 도코노마의 기둥은 다른 기둥과 다른 재질로 하여 방안의 분위기가 단조로워지지 않도록 한다.

이런 점에서도 일본의 실내 장식 방법은 서구와는 크게 다르다. 서구에서는 벽난로 위에든 어디든 미술품을 좌우대칭으로 늘어놓아 우리에게는 무의미한 반복으로 밖에는 여겨지지 않는 그런 경우를 흔히 만나게 된다.

누군가와 대화를 하는 동안에도 그 사람 뒤에 걸려 있는 등신대의 초상화가 빤히 쳐다보는 경우도 있다. 그림 속의 그가 진짜일까, 대화를 하고 있는 그가 진짜일까 알 수 없게 되어 결국은 아마도 어느 쪽이든 가짜가 틀림없다는 기묘한 확신을 갖기에 이르게 되는 것이다.

또한 가끔 함께 모여 식사할 때 식당 벽을 장식한 호사스럽고도 풍요로운 그림의 묘사를 보라는 권유를 받아 속으로 소화불량을 걱정한 일도 있다. 왜 집에 이런 사냥에서 잡은 동물 그림이나 물고기나 과일의 정교한 조각 같은 것을 장식할까? 과거 여기서 식사하고 지금은 저승에 간 가족들을 떠올려줄 듯한 접시를 왜 늘어놓는 것일까?

간소하고 세속과 격리된 다실이야말로 번거로운 외계로부터 차단된 진정한 성역이 아닐 수 없다. 여기에서만큼은 사람은 스스로를 높이고, 무엇으로부터도 방해받지 않으며, 천하통일을 두고 맞서 싸우던 사나운 무장들도 잠시 위안을 얻는다. 17세기 들어 도쿠가와막부德川幕府에 의한 엄격한 사회제도가 확립되자, 다실은 예술적 정신의 자유로운 교류가 가능한 유일한 장소를 제공하게 됐다.

훌륭한 예술품 앞에서는 다이묘大名[059]나 사무라이나 서민이나 모두 신분에 의한 구별 같은 것은 없다. 현대는 세계

---

059 지방의 제후

어디나 공업화에 의해 진정한 세련미라는 것이 보기 어려워지고 있다. 바로 그렇기 때문에 더더욱 다실이 과거 어느 때보다 더 필요해지는 게 아닐까?

5장
예술 감상

거문고에는 거문고의 노래를 부르게 하라

백아伯牙와 거문고

여러분은 도교의 '거문고 길들이기'라는 이야기를 들은 적이 있는가?

옛날 아주 옛날, 용문龍門[060]의 골짜기에 실로 숲의 왕이라 할 한 그루의 오동나무가 서 있었다. 그 나무는 매우 커서 머리를 들어 별들과 대화를 하고, 또 깊이 대지에 뿌리를 박아 그 청동색의 실뿌리는 지하에서 잠자고 있는 용의 은색 수염과 서로 엉켜있었다.

그러던 어느 날, 한 사람의 선인이 와서 이 나무로 이상한 거문고를 만들었다. 고집이 센 악기여서 상당한 명인이 켜지 않으면 소리를 내지 않았다. 오랜 세월 이 거문고는 중국 황제의 비장품으로 간직되었고, 많은 연주가들이 대대로 이 거문고의 현에서 가락을 나오게 하려고 도전했지만 모두

---

060 중국 허난성河南省 낙양 근처의 산 속 지명, 석굴로 유명하다.

허사로 끝났다.

연주가들이 필사적으로 노력해도 거문고로부터 나오는 것은 연주하고자 하는 곡조와는 전혀 맞지 않는 소리들이었다. 조롱하는 듯한 불쾌한 소리만 나올 뿐으로, 말하자면 켜는 사람들이 거문고로부터 명인이라 인정받지 못했던 것이다.

그러던 차에 드디어 거문고 타기의 왕자라고 할 백아[061]가 등장했다. 그는 거친 말을 달래듯 부드러운 손길로 거문고를 어루만지며 조용히 현에 손을 댔다. 그리고 천천히 자연과 번갈아 찾아오는 계절, 높은 산과 세차게 내뿜는 물의 흐름을 노래하기 시작하자 이게 웬일인가? 오동나무의 기억 모든 것이 일제히 눈을 뜨는 것이었다.

그리고 다시 봄의 따사로운 실바람이 나뭇가지를 어루만지고, 힘찬 급류는 골짜기를 굽이쳐 내려가며 꽃봉오리에 미소를 던졌다. 꿈을 꾸듯 여름의 소리가 다시 살아나 무수한 곤충들의 소리, 부드럽게 땅을 두드리는 빗소리, 뻐꾸기의 슬픈 울음소리를 냈다. 귀를 기울이면 호랑이가 울어 골

---

061 중국 춘추시대 거문고의 명인

짜기에서 메아리쳐 오는 것이 들렸다.

가을이다. 사막에 밤이 오면 칼처럼 날카로운 달이 서리 내린 풀 위에서 빛난다. 겨울이 됐다. 눈이 춤추며 내리는 하늘을 백조 무리가 선회하고, 싸라기눈이 미친 듯 나뭇가지들을 마구 두드린다.

이윽고 백아는 곡조를 바꾸어 사랑의 노래를 부르기 시작했다. 그러자 숲은 뜨거운 상념을 안고 사랑에 빠진 젊은이처럼 몸을 떨었다. 절정에 이르자 기품 높은 여인처럼 빛나고 맑은 구름이 살짝 드리웠나 싶더니 갑자기 절망에 가까운 시커먼 긴 그림자를 지상에 드리우면서 지나가 버린다.

그리고 다시 곡조를 바꿨다. 이번에 백아가 부른 것은 전쟁으로 서로 부딪히는 칼날의 소리, 이리저리 내닫는 말발굽 소리가 연주됐다. 거문고에서는 용문에 몰아닥친 태풍의 소리가 울리고, 용이 번개를 타고 땅울림 소리를 내고, 산들이 무너져 내린다. 이런 연주를 황홀하게 듣던 황제는 도대체 어디에 이런 기술의 비밀이 있는지 백아에게 물었다.

"폐하!"

그가 대답했다.

"다른 사람들은 자기 자신의 것만 부르려 했기에 실패한 것입니다. 그러나 저는 무엇에 관해 노래를 할지는 거문고에 맡겨 두었습니다. 그리하여 그런 가운데 거문고가 백아인지, 백아가 거문고인지 정말로 알 수 없게 돼 버렸던 것입니다."

걸작은 우리 자신

이 이야기는 예술 감상의 신비를 잘 보여주고 있다. 걸작이라는 것은 우리들 속에 잠자고 있는 최상의 감정을 연주하는 교향악인 것이다. 즉 진정한 예술이란 백아이며, 감상자인 우리들은 용문의 거문고인 것이다.

미의 마술적인 손가락에 닿으면 우리들 마음속의 비밀스런 거문고 줄이 눈을 떠 부름에 응해 요동을 친다. 마음이 마음에 말을 거는 것이며, 우리들은 무언의 소리에 귀를 기울여 눈에 보이지 않는 것을 바라본다. 그러면 우리 자신도 알 수 없는 심오한 곡조가 명인의 손에 의해 눈을 뜨는 것이다.

오랜 동안 잊고 있던 기억이 새로운 의미를 띠고 소생한다. 공포에 짓눌려 있던 희망과 자신도 눈치 채지 못했던 동경이 새로운 빛을 뿌리며 일어선다. 우리들의 마음은 예술가가 채색한 캔버스이고, 그 그림 도구가 되는 것은 우리들의 감정이며, 명암으로 나타나는 것이 우리들의 환희의 빛깔이 되기도 하고 슬픔의 그림자가 되기도 하는 것이다. 걸작은 우리들 자신이며, 우리들 자신이 걸작인 것이다.

겸허한 마음으로 예술을 감상한다

명인들의 마음을 배운다

예술 감상에 필요한 것은 마음과 마음이 공감해 서로 통하는 것이지만, 이를 위해서는 서로 겸양의 마음을 갖지 않으면 안 된다. 감상자는 작자가 말하려는 것을 받아들이기에 적합한 태도를 기르지 않으면 안 되며, 작자는 자신의 메시지를 어떻게 전달할지 마음으로 깨우치지 않으면 안 된다.

지방 영주이기도 했던 다인茶人 고보리 엔슈는 다음과 같은 기억해둘 만한 말을 남겼다.

"뛰어난 그림은 왕이나 제후를 배알하는 마음으로 접하지 않으면 안 된다."

걸작을 이해하기 위해서는 몸을 낮추고 작품 앞으로 나아가, 그 몇 마디 중얼거림을 하나도 놓치지 않고 들으려 숨을 죽이고 기다리지 않으면 안 된다. 과거 송나라 시대 한 유명한 비평가가 다음과 같은 솔직한 고백을 한 적이 있다.

"젊었을 때는 내가 좋아하는 그림을 그린 화가를 칭찬했지만, 점차 보는 눈이 갖추어지면서 이번에는 명인이 힘써 그린 것을 이해하고 그것을 좋아할 수 있게 된 자신을 칭찬해주게 됐다."

이처럼 명인들의 마음을 배우려 노력하는 사람이 적어진 것은 한탄스러운 일이다. 우리들은 무지로 꽁꽁 뭉쳐 이런 거장들에게 표해야 할 간단한 예의조차 구분하지 못하고, 그 결과 눈앞에 펼쳐진 산해진미들을 그냥 지나쳐 버리고 만다. 명인은 반드시 무엇인가를 만들어 줌에도 불구하고, 우리들이 이를 맛보는 기술을 모르기 때문에 굶주린 채 있는 것이다.

걸작은 우리에게 말을 건다

걸작은 거기에 공명하면 하나의 살아있는 존재가 되어, 마치 친구 사이 같은 유대로 서로 연결돼 있음을 느낄 수 있게 되는 그런 것이다. 그런 걸작을 만드는 명인들은 그 같은 사랑과 두려움이 우리들 속에서 반복해서 되살아나는 한 불멸이다. 우리들에게 호소해 오는 것은 그 솜씨보다는 혼, 기술보다는 사람이다.

그처럼 우리에게 말을 거는 것이 인간적이면 인간적일수록 우리들의 응답도 깊은 것이 된다. 거장들과 우리들 사이에 오가는 이런 남모르는 교감이 있어야만 시나 소설에서도 우리들은 그 주인공들과 함께 괴로워하고, 함께 즐거워할 수 있다.

일본의 셰익스피어라고도 할 수 있는 지카마츠 몬자에몬近松門左衛門; 1653~1724은 극작법의 기본원리 중 하나로 관객을 작자의 비밀에 끌어들이는 것이 중요하다고 말했다. 몇몇 제자들이 각각 작품을 봐달라며 왔지만 지카마츠의 눈에 드는 것은 하나뿐이었다. 그것은 바로 「실수 연발」[062]과 유사한 것으로, 쌍둥이 형제가 혼동을 일으키며 어려움을 겪는 내용이었다. 지카마츠가 말했다.

"이것은 극이란 것의 진수를 파악하고 있다. 관객을 생각하고 있기 때문이다. 관객은 배우보다도 사정을 더 잘 알고 있다. 그들은 어디가 잘못됐는지 알고 있고, 아무 것도 모르고 정해진 운명을 향해 달려가는 무대 위의 불쌍한 인물들을 애처로이 여기는 것이다."

---

062 셰익스피어의 희극

양￦의 동서를 막론하고 거장들은 관객을 자신의 비밀로 이끌어 들이는 수단으로서 암시의 가치를 잊어버리는 경우가 없었다. 걸작에 접해 그 광대한 사상의 전개에 몰두해 외경의 마음을 품지 않는 사람은 없을 것이다. 이들 걸작은 얼마나 우리와 가까우면서도 공감을 부르는 것일까?

이에 비해 오늘날 넘쳐나는 평범한 작품들의 냉담함은 무슨 일인가? 걸작에는 사람 마음의 따뜻한 흐름이 느껴지는 데 반해, 평범한 작품에는 단지 껍데기 표현 밖에는 보이지 않는다. 현대의 예술가는 기술에 빠진 나머지 자신을 초월하는 일이 거의 없다. 용문의 거문고에 공허하게 소원을 빈 연주자들처럼 자신의 것밖에는 노래 부를 줄 모르는 것이다. 그들의 작품은 보다 과학에 가까운 대신 인간성에서 멀어져 버렸다.

일본에서는 옛날부터 "잘난 체 하는 남자에게는 반할 수 없다"고 하는데, 이러한 남자의 마음에는 사랑을 받아들이려는 여유가 없기 때문이다. 예술에 있어서도 마찬가지로 자기중심적 허영이라는 것은 예술가, 감상자 모두에게 공감을 키우는 데 있어 치명적인 장애가 되는 것이다.

예술에의 경의

종교적인 비밀을 수호하듯이

예술에 있어서 서로 비슷한 점이 있는 정신들이 하나로 엮이는 것만큼 신성한 게 없다. 처음 보는 순간부터 예술을 사랑하는 사람은 자신을 초월한다. 더 이상 그는 그이면서 그가 아니다. 그는 영원을 살짝 들여다보지만 그 기쁨은 말로 이루다 표현할 수는 없다.

왜냐하면 눈에는 혀가 달리지 않았기 때문이다. 물질성의 족쇄에서 자유롭게 된 정신은 사물의 리듬에 맞춰 춤을 춘다. 이렇게 해서 예술은 종교와도 비슷한 것이 되어 인간을 고귀하게 한다. 이 때문에 걸작은 신성한 것이다.

옛날 일본인은 훌륭한 예술가의 작품을 깊이 존경했으며, 다인들은 명품을 흡사 종교적인 비밀을 수호하듯이 취급했다. 그 비밀스런 보물을 넣어 둔 상자를 열려면 흔히 몇 겹씩 상자를 순서대로 열어야만 했으며, 더구나 비단 보자기로 부드럽게 싸 놓아 가장 성스러운 물건이 놓여 있는 듯이 해놓았다. 그것은 함부로 볼 수 있는 것이 아니며 볼 수 있다 하더라도 비전을 전수 받은 사람에 한해서였다.

시신에 간직된 보물

다도가 번성했던 당시에는 다이코太閤[063]를 섬겼던 무장들은 승리를 거두면 포상으로 넓은 토지보다 오히려 귀한 명품 하나를 받는 쪽을 기뻐했다. 연극에서도 이름 있는 명품을 잃어버리거나 다시 찾거나 하는 등의 내용으로 인기를 얻는 것이 적지 않다.

예를 들어 어떤 연극에서는 셋손이 그린 유명한 달마 그림을 비장하고 있던 호소카와細川라는 제후의 성에서 한 사무라이의 부주의로 불이 났다. 어떻게 하든 귀중한 물건을 구해 내지 않으면 안 되겠다고 결심한 사무라이는 불타는 성 안으로 뛰어들었다. 그러나 그림을 찾아내기는 했지만 사방이 불에 막혀 출구를 발견할 수가 없었다.

---

063 중세 일본에서 최고위직인 간파쿠関白 자리에서 은퇴한 자에게 주는 직명. 보통 도요토미 히데요시를 칭한다.

오로지 그림만은 구해야 한다고 생각한 사무라이는 어쩔 수 없이 자신의 배를 칼로 가르고 자른 옷소매로 셋손 그림을 싼 후 크게 벌어진 상처 속에 깊이 밀어 넣었다. 겨우 불이 꺼지고 연기가 나는 잔해 속에서 거의 타버린 사무라이의 시신이 발견됐는데, 그 시신의 배 속에는 그 보물이 불에 조금도 손상되지 않은 채 간직돼 있었다고 한다.

무서운 이야기이지만 일본인들이 얼마나 예술품에 큰 가치를 두고 있는지, 또한 영주가 믿는 사무라이의 헌신이란 어느 정도인지를 잘 말해 주는 것이 아닐 수 없다.

감상자의 기량器量

개개의 버릇으로 결정되는 물건 보는 법

그러나 예술의 가치는 그것이 어느 정도 우리에게 말을 걸어 오느냐에 달려 있다는 점도 잊어서는 안 된다. 혹시 우리가 예술에 대한 공감의 폭이 넓고, 보편적인 것이라면 그만큼 예술은 넓고, 보편적인 것을 우리에게 보내 줄 것이다.

그러나 실제로 우리의 성질에는 편향성이 있고 전통과 관습, 그리고 유전적 본능 등에 의해 예술을 받아들이는 능력이 제한 받고 있다. 개성이라고 하는 것 자체가 어떤 의미에서는 우리의 예술 이해력을 협소하게 만드는 것이다. 과거의 유산 속에서 자신과 비슷하게 통하는 것 이외에는 구하지 않기 때문이다.

확실히 교양을 쌓게 되면 예술을 맛보는 감성의 폭이 넓어지고, 지금까지는 이해되지 않았던 미의 표현을 즐길 수 있게 되는 면도 있다. 그러나 그렇다 하더라도 결국 우리는 이 넓은 우주 속에서 단지 자기 자신의 모습만을 보고 있을 뿐이다. 각각 개개의 성격과 취미에 의해 사물을 보는 법이 결정되는 것이다. 다인들도 제각기 개인적인 감상의 척도 내에서 찻잔 등 다구를 모아 온 것에 지나지 않는다.

이에 관해서는 고보리 엔슈의 재미있는 이야기가 생각난다. 어느 날 제자들이 엔슈의 수집품 고르기가 실로 높은 경지의 취미라고 칭찬하며 말했다.

"어느 물건을 선택해도 누구나 감탄할 그런 것뿐이어서 이를 보면 센노리큐 같은 인물보다 훨씬 나은 취미를 갖고 있음을 알 수 있습니다. 어쨌든 센노리큐가 모은 물건들이 훌륭하다고 생각하는 사람은 1천 명 가운데 한명 정도 밖에 안 되지 않습니까."

이 말을 듣고 엔슈는 슬픈 표정으로 말했다.

"그것은 결국 나의 취미가 평범하다고 말하는 것일 뿐이다. 역시 센노리큐는 자신의 취향에 맞는 것만을 엄격하게 골라내어 애지중지했다. 그런 반면 나는 나도 모르는 사이에 모든 사람의 취향에 아부하고 있었다는 게 된다. 실로 센노리큐야 말로 1천 명 가운데 한명 나올까 말까하는 다인이었다."

'귀로 그림을 평가'하는 풍조

오늘날 세상 사람들이 언뜻 예술을 열렬히 사랑하고 아끼는 듯이 보이지만, 실은 그 태반이 진실로 마음에서 우러나오는 감정에 뿌리를 두고 사랑하는 것이 아닌 듯해 유감천만이다. 현대처럼 민주주의 시대에는 사람들이 자기 자신의 감정 같은 것은 무시하고 세상에서 일등이라 치는 것만을 추구한다. 그들이 바라는 것은 세련된 것이 아니라 가격이 비싼 것이며, 아름다운 것이 아니라 유행하는 것이다.

대중들은 초기 이탈리아나 아시카가 시대足利時代[064]의 예술품을 알아보고 고개를 끄덕이기보다는, 공업화 사회의 산물인 그림이 들어있는 잡지를 보는 쪽이 오늘날 예술을 즐기는 데 있어 보다 소화하기 쉽고 편할 것이다.

작품의 질보다 작자의 이름 쪽이 중요한 것이다. 이미 몇 세기 전 어떤 중국의 비평가가 이렇게 말한 적이 있다.

"사람들은 귀로 그림을 평가한다."

이처럼 예술 감상의 방법이 잘못돼 버린 것이 오늘날 아무리 사방을 둘러 봐도 사이비 고전주의의 그저 그런 작품들만 만나게 되는 원인이라 말할 수 있으리라.

---

064 14세기에서 16세기 일본을 지배한 아시카가 씨족의 시대. 일명 무로마치室町 시대

현대 예술의 의의

다수의 평범한 작품보다 하나의 걸작

지금 흔히 저지르는 잘못 가운데 하나는 예술과 고고학을 혼동하는 것이다. 오래된 것을 존중하는 것은 아주 좋은 인간성의 하나이며, 이를 보다 신장시켜 나가야한다고 말할 수 있다. 과거의 거장들은 미래의 계몽된 사회로의 길을 열어주었다는 점에서 실로 칭송받아 마땅하다.

그들은 몇 세기에 걸쳐 비판을 감내함으로써 영광에 가득 찬 오늘에 이르게 됐다는 사실만으로도 존경받을 가치가 있다. 그러나 이와 함께 혹시 이러한 과거 거장들이 달성한 것을 단지 세월을 거쳤다는 사실만으로 평가하는 것이라면, 이는 실로 바보 같은 짓이다. 그럼에도 불구하고 우리들은 흔히 다른 관점은 버리고 역사적 관점에서만 본 나머지 미적 평가를 소홀히 하는 것도 눈감아 버린다. 예술가가 점잖게 무덤에 누워 있으면 찬미의 꽃다발을 바치는 꼴이다.

더구나 19세기에는 진화론이 등장해 우리는 종種에 있어서 개인의 존재를 보지 못하는 경향을 갖게 됐다. 수집가는 시대라든가 유파라든가를 예를 들어 증명하기 위해 샘플을 손에 넣으려 열심이다. 이들은 어느 시대 또는 유파의 평범한 작품을 잔뜩 모으기보다는 단지 한 점의 걸작에 접하는 것이 보다 많은 것을 가르쳐 준다는 사실을 잊어버리고 있다.

우리는 예술을 분류하는 일에 사로잡힌 나머지 작품을 즐기는 일이 줄어들게 돼 버렸다. 많은 미술관에서는 소위 과학적 전시 방법이라는 것을 위해 미적인 것을 희생함으로써 파멸적인 상황이 되기도 했다.

동시대 예술이야말로 우리의 예술

어떤 생활 형태라도 현대 예술이 주장하는 점을 무시할 수는 없다. 우리가 사는 지금 시대의 예술이야말로 실로 우리의 예술이며 우리 자신의 반영인 것이다. 이를 단죄하는 것은 우리 자신을 단죄하는 것밖에 안 된다.

우리는 오늘날 예술이 존재하지 않는다고 한탄하지만 그렇다면 그 책임은 누구에게 있을까? 옛날 것이라면 그처럼 열을 내면서 우리 자신의 가능성에 대해서는 아예 관심이 없는 것은 실로 부끄러워해야 할 일이 아닌가? 차가운 경멸의 그림자 아래를 떠돌며 고투하는 예술가들이여, 피곤한 영혼들이여! 이 자기 중심적 세기에 있어서 우리는 도대체 어떤 영감을 그들에게 줄 수 있는 것인가?

과거는 이 현대 문명의 빈곤을 가엽게 여길 것이며, 미래는 현대 예술의 불모성不毛性을 조소할 것이다. 우리는 생활 속의 미를 파괴함으로써 예술을 파괴하고 있다. 누군가 위대한 신선이 나타나 이 현대 사회라는 나무 가지로 강력한 거문고를 만들고, 그 현이 천재의 손가락을 만나 소리를 내는 그런 날은 오지 않을 것인가?

6장
꽃

꽃에 바치는 애가 哀歌

꽃은 변치 않는 친구

옅은 먹색의 대기가 희미하게 떨고 있는 봄날 새벽, 나무 사이에서 새들이 신비스런 리듬으로 지저귀는 것을 들으면서 저 새들은 분명 동료들에게 꽃에 관해 이야기하고 있는 것이라고 느꼈던 적은 없는가? 사람의 경우에는 사랑의 노래를 부르는 것과 동시에 꽃을 사랑하기 시작했음이 분명하다.

순진하면서도 사랑스럽고, 조용하면서도 향기로운 꽃만큼 젊은 여성의 마음이 열리는 모양을 생각나게 만드는 것은 없으리라. 원시인이 마음속에 두고 있는 여자에게 처음으로 꽃을 바쳤을 때 그는 더 이상 짐승이 아니었다. 자연의 거칠고 난폭한 본능을 탈피해 인간이 된 것이다. 쓸모가 없는 것의 미묘한 유용성을 알았을 때 그는 예술가가 됐다.

기쁠 때도 슬플 때도 꽃은 변치 않는 친구다. 우리는 꽃과 함께 먹고, 마시고, 노래하고, 춤추고, 노는 것이다. 결혼

식에서도, 세례식에서도 꽃은 함께하며, 꽃이 없으면 죽는 것도 불가능하리라. 예배에는 백합을, 명상에는 연꽃을, 싸우러 나서면서는 장미나 국화와 함께했다. 꽃말로 말하려 하기도 했던 것이다.

꽃 없이 어떻게 살아갈 수 있을까? 꽃이 존재하지 않는 세계를 상상하는 것만으로도 무서워진다. 꽃은 어떻게 병자를 위로하고, 지친 사람의 마음 속 어둠에 광명을 가져다주었던가? 꽃의 조용한 우아함을 접하면, 그야말로 사랑스런 아기를 보고 희망이 소생하듯 사라졌던 이 세상에 대한 신뢰가 회복된다. 그리고 최후에 우리가 흙으로 돌아갈 때에는 꽃만이 묘지 위에서 슬퍼해줄 것이다.

사람은 짐승

슬프게도 우리는 이처럼 꽃을 친구로 하면서도 실은 짐승이라는 사실에서 벗어나지 못하고 있음도 숨길 수 없다. 뒤집어쓰고 있는 양¥의 껍질을 벗겨 보면 당장 그 아래 숨겨진 늑대의 이빨이 드러날 것이다. 사람은 10살이면 짐승, 20살이면 미친 사람, 30살이면 낙오자, 40살이면 사기꾼, 50살이면 범죄자라고 말해지고는 했지만 이는 줄곧 짐승이었음을 말하는 것일 게다.

우리에게 배고픔보다 절실한 것은 없으며, 욕망만큼 귀중한 것은 없다. 여러 신들에게 바쳐진 신전은 차례차례 무너져 버렸지만, 유일하게 우리가 향을 피우고 가장 커다란 우상에게 숭배를 바쳐온 제단이 남아 있다. 바로 우리 자신이다. 우리의 신은 위대하도다! 그리고 그 신의 예언자를 자처해온 것은 돈이다.

우리는 이 신에게 바치는 희생으로서 자연을 황폐하게 만들고 있다. 우리는 물질을 정복했다고 자랑하지만, 실은 우리가 오히려 물질의 노예로 전락해버렸음을 잊고 있는 것이다. 우리는 문화와 세련이라는 명목으로 얼마나 지독한 짓을 하고 있는 것일까?

아름다운 꽃이여, 별에서 떨어져 내린 눈물방울이여, 그대는 마당에 잠시 멈춰 서서 모여드는 벌들이 이슬과 햇살의 아름다움을 노래하는 것을 듣고 있지만, 어떤 무서운 운명이 숨어서 그대를 기다리고 있는지 알고 있는가? 즐길 수 있을 때 여름날 산들바람을 타고 함께 놀면서 꿈을 꾸는 것이 좋으리라.

내일이 되면 조금도 용서를 모르는 손이 뻗어와 그대의 목을 조를 것이다. 그대는 꺾이고 손발이 잘라져 조용한 곳에서 멀리 옮겨져 버릴 것이다. 이런 지독한 짓을 하는 자가 누구인가 하면 가끔 앞을 지나던 그 미녀일지도 모른다. 이 미녀는 그대의 피로 손가락을 적시며 "이 얼마나 귀여운 꽃이냐"라는 등의 말을 내뱉을 것이다.

이것이 배려라는 것일까? 아니면 그대의 운명은 박정한 사람이라 알려진 여자의 머리카락 속에 유폐되든가, 쉽게 그대의 얼굴을 보려고도 하지 않는 남자의 단추 구멍에 끼워지든가 하는 것일지도 모른다. 아니면 좁디좁은 화병에 갇혀 목이 말라 죽어버릴 상황인데도 탁한 물밖에 없어 미칠 지경이 되어야만 하는 운명인 것인가?

동양의 꽃꽂이와 서양의 꽃 낭비

꽃이여, 혹시 천황의 나라[065]에 태어났더라면 그대들은 가위와 톱을 손에 든 무서운 인간들과 만나게 될 지도 모른다.

---

065 일본을 가리킴

'꽃꽂이 대가'라 칭하는 자들이다. 이 자들은 자신들이 꽃의 의사라고 주장하지만, 그 자체가 그대들이 본능적으로 미워하고 싫어하는 것이다. 왜냐하면 의사라는 작자들은 언제나 환자의 고통 기간을 늘리려 할 뿐이라고 알고 있기 때문이다.

그는 그대들을 자르고, 구부리고, 비틀어 참으로 이상한 모양으로 만들어내려 하지만, 자신들은 그것이 그대들이 가져야 할 알맞은 자세라고 생각한다. 그는 접골의처럼 그대들의 근육을 비틀어 구부리고 뼈를 잘라낸다. 출혈을 멈추려 새빨갛게 타는 석탄으로 지지고, 피의 흐름을 좋게 한다면서 침을 박기도 한다. 소금이나 식초, 백반, 때로는 황산을 마시게 하며 힘이 없는 것처럼 보인다고 발에 뜨거운 물을 붓기도 한다.

이런 식으로 해서 치료하지 않았을 경우보다는 2주 정도 더 그대들의 생명을 연장시킬 수 있었다는 것이 그들의 자랑이다. 그러나 그대들 자신으로서는 오히려 처음 붙잡혔을 때 그대로 단숨에 죽임을 당하는 쪽이 나았던 것이 아닐까? 그대들이 도대체 이런 벌을 받지 않으면 안 될 어떤 나쁜 짓을 전생에서 했다는 말인가?

서양 사회에서 꽃을 함부로 낭비하는 것은 동양의 꽃꽂이 대가보다 더 지독한 짓이다. 유럽이나 아메리카의 연회장을 장식하기 위해 매일 꺾여 다음날이면 버려지고 마는 꽃의 수는 틀림없이 막대할 것이다. 혹시 그것들을 한 줄로 이으면 분명히 대륙을 한 바퀴 빙 돌 정도이리라.

이러한 꽃의 목숨에 대한 철저한 무관심에 비하면 꽃꽂이 대가들의 죄는 그런대로 사소한 것이다. 그는 적어도 자연의 질서를 중하게 여기며 주의 깊은 관찰력 아래 희생자를 고르고, 사후에는 유해를 고이 장례 지낸다. 서양에서는 꽃의 전시가 부를 과시하는 것의 일부여서 잠깐 동안의 놀이로 여겨진다. 이처럼 많은 꽃은 소동이 끝난 후 어디로 갈 운명인가? 색 바랜 꽃이 쓰레기더미 위에 무정하게 버려진 광경을 보는 것은 가슴 아픈 일이 아닌가?

인간이 더욱 인간적이 될 때까지

어째서 꽃은 이처럼 아름답게 태어났으면서 이처럼 불운한 것인가? 벌레라면 찌르기라도 하고, 더 약한 동물조차도 궁지에 몰리면 덤빌 것이다. 모자를 장식하기 위한 깃털을 위해 새를 노린다면, 그 새는 날아올라 사냥꾼의 손에서 벗어날 수 있다. 코트용 모피가 되는 짐승도 사람이 접근하면 숨을 수 있다.

이에 비한다면 꽃은 이 얼마나 슬픈 존재인가? 유일하게 날개가 있는 꽃으로 알려진 것은 나비뿐으로, 다른 것들은 모두 침략자 앞에서 아무런 도움도 받지 못한 채 웅크리고 있을 따름이다. 꽃들이 단말마의 비명을 질러도 우리의 딱딱한 귀에는 닿지 않는다. 꽃은 우리를 사랑하고, 묵묵히 봉사를 해 주는데도 이 꽃에 대해 우리는 얼마나 잔혹한가?

그러나 언젠가 분명히 이러한 잔혹함 때문에 우리는 이 가장 좋은 친구로부터 버림받는 때가 올 것이다. 들판의 꽃이 매년 줄고 있는데도 눈치를 채지 못하는가? 틀림없이 꽃의 현자가 꽃들에게 인간이 보다 인간적으로 되기까지 어딘가에 피란 가 있도록 명령했을 것이다. 그래서 아마도 그들은 천국으로 이주해 버렸는지 모른다.

꽃을 소중히

꽃은 희귀해진 보물이다

그러나 꽃을 기르는 사람에 대해서는 보다 호의적이어야 한다. 화분에 꽃을 심어 이를 즐기는 사람은 가위를 휘두르는 사람들보다는 훨씬 인간적이다. 그가 물과 햇빛에 신경을 쓰고, 해충과 싸우고, 서리를 두려워하고, 꽃봉오리가 늦게 나오는 것에 신경 쓰며, 잎의 윤기에 기뻐서 어찌할 줄 몰라 하는 모양은 그야말로 흐뭇한 광경이다.

동양에서는 꽃 재배의 연구가 아주 일찍부터 발달해 시인들의 꽃에 대한 사랑이나 그들이 사랑한 꽃에 관한 일은 흔히 이야기나 노래로 전해져 왔다. 당나라 시대로부터 송나라 시대에 걸쳐 도예가 발달함에 따라 단순한 화분이 아니라 보석을 박은 궁궐과도 같은 멋진 꽃 그릇이 만들어졌다.

하나하나의 꽃에 특별히 손질을 하는 담당자가 붙여지고, 토끼 다리로 만들어진 특제 솔로 잎을 적셨다고 한다. 모란꽃에는 화려하게 차려 입은 여자가, 한매寒梅에는 마른 듯한 푸른빛 도는 스님이 물을 주지 않으면 안 된다고 어떤 책에는 쓰여 있다.

일본에서는 가장 인기 있는 노能[066]의 상연 목록의 하나로 아시카가足利 시대에 만들어진 '화분에 심어진 나무'라는 것이 있다. 이는 어느 가난한 무사에 관한 이야기다.

얼어붙을 듯이 추운 겨울밤 여행에 나선 스님을 대접하려던 이 무사는 불을 피울 나무가 없자 소중히 여기던 화분에 심은 나무를 불에 태웠다. 그런데 실은 이 스님은 일본의 하룬 알라시드[067]라고 해야 할 호조 도키요리北条時頼, 1227~1263[068]였으며, 무사가 치른 희생은 큰 보상을 받았다는 이야기로, 이는 지금도 관객의 눈물을 자아낸다.

섬세한 꽃을 지키고 기르기 위해서는 보통이 넘는 배려를 하지 않으면 안 된다. 당나라 황제 현종玄宗[069]은 새가 가까이 하지 못하도록 정원 나무 가지마다 조그만 방울을 매달았다.

---

066 일본 남북조~무로마치 시대에 성립된 전통극. 지붕이 있는 전용무대와 노멘이라는 가면을 사용하며, 각본·음악·연기 등도 독특한 양식을 사용하였다.
067 아라비안나이트에도 등장하는 이슬람의 명군
068 가마쿠라 막부의 실권자로 일본 여러 나라를 순방했다는 전설이 있다.
069 재위 712~756. 당의 전성기를 구가했으며 음악 미술 등에도 다재다능했으나 말년에 양귀비와 사랑에 빠져 안록산의 난을 자초했다.

그는 또 봄이 되면 궁정 악사들을 이끌고 묘한 음악을 연주해 꽃들을 기쁘게 했다고 한다. 일본의 어떤 절스마데라須磨寺에는 일본의 기사도 전설 가운데 나오는 영웅인 미나토모노 요시쓰네源義經[070]의 손으로 만들어졌다고 전해지는 조금 색다른 표찰이 지금도 남아 있다.

이것은 한 멋진 매화나무를 보호하기 위한 포고문을 적은 것이지만 참으로 전란의 시대다운 잔혹한 유머에 가슴이 철렁 내려앉기도 한다. 포고문에는 꽃의 아름다움을 언급한 후 포고령으로 이런 말이 기록돼 있다.

"이 나무 가지를 하나라도 꺾는 자는 그 벌로서 손가락 하나를 자른다."

오늘날 세상에서 공연히 꽃을 아프게 하고 예술품을 함부로 하는 자들에게는 이러한 규칙을 적용해 보는 것도 좋겠다.

---

070 1159~1189, 일본 헤이안 시대 말기에서 가마쿠라 시대 초기의 무장으로 가부키 등의 소재로 자주 등장해 일본인들에게 비교적 인기 있는 비극적 영웅

이상적인 꽃의 애호자

화분에 심은 꽃의 경우에서조차도 인간 중심적 행동이 느껴진다. 어째서 원래 있던 장소에서 식물을 옮겨 와 이질적인 환경에서 꽃을 피우려 강제하는 것일까? 이는 마치 조롱 속에 갇힌 조그만 새에게 노래를 하거나 짝짓기를 하라고 강제하는 것과 마찬가지가 아닌가? 온실의 인공적인 열기에 숨이 막힐 듯 해 한번이라도 좋으니 태어난 고향, 남국의 하늘을 바라보고 싶다고 하염없이 바라는 난蘭 꽃의 심정을 모르는 것인가.

이상적인 꽃의 애호자는 꽃이 태어나 길러진 곳을 찾아가는 사람이다. 예를 들어 도연명陶淵明[071]은 부서진 대나무 담장 앞에 앉아 들국화와 대화를 나누었다 하고, 임화정林和靖[072]은 희미하게 밝아오는 가운데 서호西湖[073]의 매화 숲을 천천히 거닐며 참으로 신비한 향기에 망연자실했다고 한다.

또한 주무숙周茂叔[074]은 연꽃의 꿈과 자신의 꿈이 함께 섞이도록 배 안에서 잠을 자기도 했다. 일본 나라 시대의 가장

---

071 365~427,「귀거래사」등을 지은 중국 육조시대 동진의 시인으로 국화를 사랑했다.
072 송나라 시대의 시인으로 매화를 아내로, 학을 자식들로 삼고 지냈다 한다.
073 중국 저장성 항저우 서쪽에 있는 호수
074 1017~1073, 태극도설을 쓴 송나라 유학자.「애련설愛蓮說」로 유명하다.

유명한 왕비의 한 명인 고묘光明 왕후도 이런 혼을 가진 사람으로 다음과 같은 노래를 했다.[075]

"꽃이여, 그대를 꺾으려 한다면 이는 나의 손가락이 그대를 더럽히는 일이로다. 살아 있는 예술처럼 들에 피어 있는 모습 그대로의 그대를 과거 현재 미래의 부처에게 바치노라."

---

075 실제로 이는 승정僧正 헨조遍昭의 작품

꼿꼿이를 한다는 것

파피로부터의 창조

그러나 너무 감상에 빠지는 것은 피하자. 너무 요구만 하지 말고 보다 대국적인 견지에 서도록 하자. 노자는 말했다. "천지는 무정한 것이다." 고보弘法 대사[076]는 말했다.

"가자, 가자, 가자, 가자. 생명의 흐름은 앞으로 나간다. 가자, 가자, 가자, 가자. 죽음은 누구에게나 찾아온다."

어디를 향해도 우리는 파괴에 직면한다. 상하, 전후 파괴가 아닌 것은 없고, 변화야말로 유일하게 영원한 것이다. 그렇다면 어째서 생을 맞이하듯 죽음을 맞이하지 않는가? 생과 사는 표리일체로 브라마梵天[077]의 낮과 밤에 지나지 않는다. 오래된 것이 해체돼야 비로소 재창조가 가능한 것이다.

우리는 인정사정없는 자비의 여신인 죽음을 여러 가지 이

---

076 774~835; 일본 헤이안 시대의 불교 승려로, 마음과 육체의 합일을 강조하고 현세에서의 이익을 강조한 진언종을 일으켰다. 법명은 구카이空海
077 인도 신화에서 만물의 섭리를 주재하는 신

름으로 숭배해 왔다. 그것은 조로아스터교[078]가 불속에서 발견해 낸, 모든 것을 파괴해 버리는 것의 그림자였다. 혹은 오늘날 신도神道가 아직 숭상하는 칼의 혼처럼 냉엄한 순결주의다.

신비의 불이 우리의 허약함을 태워버리고, 성스러운 칼이 번뇌의 속박을 끊어버리는 것이다. 우리의 타고 남은 재속에서만 희망을 향해 날갯짓하는 불사조가 되살아나 자유롭게 더 높은 인간성이 실현될 수 있다.

새로운 형태를 진전시켜 세계의 이념을 고양하는 것이 가능하다면 꽃을 희생하는 것도 어쩔 수 없는 일이 아닌가? 꽃도 함께 아름다움에 봉사하도록 바랄 뿐이다. 우리 자신도 순수와 간결簡潔에 몸을 바침으로써 속죄하는 것이 고작이다. 이 같은 논리를 세워 다인들은 꽃꽂이를 창조했다.

---

078   6세기 페르시아의 예언자 조로아스터가 창시한 종교. 불을 숭배해 배화교라고도 불린다.

꽃은 옥좌에 앉은 왕처럼

일본의 차나 꽃 대가들의 예법을 잘 알고 있는 사람이라면, 그들이 종교적 숭배의 마음을 가지고 꽃을 취급하는 것을 눈치 챘으리라. 꽃을 따는 것도 손이 가는대로 하는 것이 아니다. 마음에 그리는 예술적 조형에 따라 주의 깊게 한 가지 한 줄기 고르고, 혹시 필요 이상으로 꺾는 일이 있다면 수치스러운 일이라 여긴다.

또한 여기서 주의해야 할 것은 잎이 있을 때에는 늘 꽃과 잎을 한꺼번에 취급한다는 것으로, 이는 식물의 생태 그대로의 아름다움을 제시하는 것이 목적이기 때문이다. 이 점에 있어서도 다른 것과 마찬가지로 일본식은 서양식과 매우 다르다. 서양에서는 꽃의 줄기와 머리 부분을 떼어내 그것만 아무렇게나 화병에 꽂아 버리는 것을 흔히 볼 수 있기 때문이다.

다인은 생각한 대로 꽃꽂이가 되면 그것을 일본식 방의 상좌에 해당하는 도코노마에 장식한다. 꽃의 효과를 손상시키는 필요 없는 것들은 모두 가까이 두어서는 안 된다. 꽃과 함께 취급되는 것으로 무엇인가 특별한 미적 효과를 낼 것을 제외하고는 한 폭의 그림조차 허용되지 않는 것이다.

꽃은 옥좌에 앉은 왕처럼 의젓이 앉아있고, 손님이나 제자들은 실내에 들어오면 주인에게 인사하기 전에 우선 이 꽃에게 진심어린 예의를 표한다. 훌륭한 꽃꽂이 작품은 애호가들을 계몽시키기 위해 그림으로 그려져 출판되고, 또 관련 서적도 산처럼 쌓여 있다. 이윽고 꽃이 시들면 대가는 부드럽게 강에 흘려보내거나, 혹은 마음을 담아 땅 속에 묻는다. 꽃을 추억하기 위해 비를 세운 일조차 있다.

꽃꽂이의 역사

다실 장식의 일원이 된 꽃

화도華道; 꽃꽂이는 다도와 함께 15세기에 생겨났다. 전해오는 말에 따르면 최초의 꽃꽂이는 강풍에 날려간 꽃을 모은 불교 스님들이 생명이 있는 것에 대한 끝없는 연민의 정을 이기지 못해 물을 담은 용기 속에 살려 둔 것에서 유래했다고 한다.

또 아시카가 요시마사足利義政의 궁정에서 활약한 유명한 화가이며, 꽃꽂이에 대해 잘 알고 있던 소아미相阿彌[079]가 최초의 꽃꽂이 명인이었다고도 말해진다. 다인 무라타 쥬코村田珠光[080]는 그의 제자 가운데 한사람이며, 그림에 있어 가노狩野 가문[081]에 필적하는 화도계의 명문 이케노보池坊 가문을 일으킨 센오專應도 마찬가지였다.

---

079 1472~1525; 화가이며 미술 평론가, 조경가
080 1423~1502, 일본 다도의 시조로도 알려져 있음.
081 일본 무로마치 후기부터 메이지 초기에 걸쳐 일본에서 유행한 유파를 이끈 집안

16세기 후반 센노리큐가 다도를 완성한 것과 같은 시기에 꽃꽂이도 발전의 정점에 달했다. 센노리큐와 그 후계자인 오다 유라쿠織田有樂, 후루타 오리베古田織部, 혼아미 고에츠本阿彌光悅, 고보리 엔슈, 가타기리 세키슈片桐石州 등도 다도와 화도의 새로운 융합을 경쟁적으로 연구했다.

그러나 잊지 말아야 할 것은 다인들이 연구한 꽃을 다루는 법은 어디까지나 다도의 일부로서였고, 꽃꽂이 그 자체로 독립된 것은 아니었다는 점이다. 다실을 장식하는 다른 예술 작품과 마찬가지로 다실 장식 전체의 구조에 한 부분으로서 끼워 넣어진 것이었다. 따라서 예를 들면 세키슈는 정원에 눈이 쌓여 있을 경우에는 흰 매화를 사용해서는 안 된다고 정했다.

'요란스러운' 꽃은 다실에서 엄격히 배제됐다. 다인들의 꽃꽂이는 본래 그것이 놓여 있던 장소를 떠나면 의미를 잃는다. 왜냐하면 그 선線이나 조화는 주위의 환경을 고려해 특별히 연구한 것이기 때문이다.

화도 대가들의 꽃

이에 대해 꽃 그 자체를 따로 떼어 감상하는 방식은 17세기 중엽 화도의 대가들이 등장하면서 시작됐다. 이는 다실에서 독립하게 되면서 꽃을 담는 그릇이 부과하는 제약 외에는 아무런 규정에도 속박되지 않게 된 것이다. 꽃에 관한 새로운 사고방식이나 다루는 법이 가능해져 거기서부터 많은 약속이나 유파가 생겨났다.

19세기 중엽 한 평론가는 당시 1백 개를 넘는 유파를 헤아릴 수 있었다고 기록하고 있다. 그러나 크게 나누면 주류로서는 형식주의파와 자연주의파 두 개라고 말할 수 있다. 형식주의파는 이케노보가 이끄는 유파로 회화의 가노파에 상당한다고 할 만큼 고전적 이상주의를 지향했다. 이 유파의 초기 대가들 작품이 기록에 남아 있지만 이것들은 대개 산세쓰山雪나 쓰네노부常信[082]의 꽃 그림을 재현한 것이다.

한편 자연주의파는 그 이름이 말해주듯 자연을 모델로 삼아 단지 예술적 통일을 도모하기 위해 약간의 형태를 수정하는 양식이다. 따라서 이 유파의 작품에는 그림으로 말

---

[082] 모두 가노파의 화가

한다면 우키요에浮世繪[083]나 시조파四條派[084]와 일맥상통하는 면이 보인다.

시간이 있으면 보다 자세히 이 시기 여러 꽃꽂이 대가들이 정식화한 구성이나 세부적인 약속 사항들을 검토해 보는 것도 흥미 있는 일이다. 거기에는 도쿠가와 막부 시기의 장식을 지배하던 근본적인 이론이 보일 것이다. 이 이론은 하늘이라는 주원리主原理, 땅이라는 종원리從原理, 사람이라는 화합원리和合原理에서 성립한 것이며, 이런 원리로부터 벗어난 꽃꽂이는 무엇이든 불모이며 죽은 것이라 간주됐다.

또한 꽃을 다루는 법에 정식正式, 반정식半正式, 약식略式의 구별이 있는 것도 중시된다. 각각 꽃 취급을 무도회용의 무거운 정장, 의식용은 아니지만 우아한 외출복, 매력적인 실내복을 걸친 것 정도로 구별한 것이다.

---

083 무로마치 시대부터 에도 시대 말기, 즉 14~19세기에 서민생활을 기조로 하여 제작된 일본 전통 회화의 한 양식. 일반적으로는 목판화를 뜻하며 그림 내용은 대부분 풍속화다.

084 교토 시조에 살던 마쓰무라 고슌村松吳春이 시작한 일본화의 한 유파

차와 꽃

다인이 한 자연파 꽃꽂이

차를 즐기는 사람들 측면에서 보면 공감을 부르는 것은 역시 꽃꽂이 대가들의 꽃꽂이보다는 차 대가들의 꽃꽂이 방법이다. 이것이야말로 꽃 본래의 상태를 중시하는 방식이며, 진정으로 삶과 친숙하다는 점에서 마음에 와 닿는 것이다. 따라서 이 유파를 자연주의파나 형식주의파와 구별해 자연파라 부르자.

다인은 꽃을 고르기만 하면 책임을 다했다고 말하며, 그 뒤는 꽃 스스로 이야기를 하도록 맡겨놓는다. 늦은 겨울 다실에 들어가면 가느다란 산벚꽃의 잔가지가 봉우리를 막 열려 하는 동백꽃과 어우러져 있는 게 눈에 띄리라. 이는 겨울이 가고 봄이 가까이 왔다는 징후다

혹은 더위로 시달린 여름날 한낮의 다회에 초대되어 가 보면, 어둑어둑하면서도 시원하게 정리된 도코노마에 한 송이 백합이 긴 화병에 꽂혀 있는 것을 만나게 될 지도 모른

다. 이슬에 젖은 그 꽃의 모습은 인생의 어리석음에 미소 짓고 있는 듯하다.

꽃의 독주도 재미있지만 그림이나 조각과의 협주도 매력적이다. 세키슈는 어느 날 수반水盤에 수초를 띄워 호수나 연못의 풀로 연상시킨 후 그 위의 벽에는 하늘을 날아가는 들오리를 묘사한 소아미의 그림을 걸었다. 또 다인이자 렌카連歌[085] 작가였던 조하紹巴는 해변에서 혼자 거니는 멋을 노래한 시와, 어부의 집을 상징하는 청동 향로, 여기에 물가의 야생초를 한데 모았다. 이 때 어느 손님은 이 모든 것의 어울림이 가을이 끝나가는 분위기를 느끼게 했다고 적고 있다.

죽음을 영광으로 여기는 꽃

꽃 이야기는 끝이 없지만 하나만 더 이야기하자. 16세기 무렵 나팔꽃은 아직 귀한 꽃이었다. 센노리큐는 이 나팔꽃을 열심히 길러 정원 가득히 꽃을 피웠다. 그 소문을 들은 도요토미 히데요시가 한번 보고 싶다고 청했다. 센노리큐는 도요

---

085 여러 사람이 번갈아가며 전통 시가의 앞뒤를 읊는 노래

토미를 아침 다회에 초청했다.

약속한 날 도요토미가 정원에 들어섰지만 나팔꽃은 한 송이도 보이지 않았다. 땅은 평평하여 멋진 돌과 모래만 깔려 있을 뿐이었다. 도요토미는 화가 났지만 다실에 들어간 순간 실내의 모습을 보고 완전히 기분이 풀렸다. 도코노마에 송나라 시대의 진귀한 청동 꽃병이 놓여 있었고, 거기에 정원의 여왕이랄 수 있는 나팔꽃이 꽂혀 있었던 것이다

이러한 예를 보면 '꽃 공양'[086]이라는 의미를 잘 알 수 있다. 꽃은 충분히 그 의의를 이해하고 있을 것이다. 꽃은 인간처럼 겁쟁이가 아니다. 꽃 가운데는 죽음을 영광으로 여기는 것도 있다. 벚꽃처럼 스스로 바람에 몸을 맡기기도 한다. 요시노吉野나 아라시야마嵐山[087]의 눈처럼 날리는 벚꽃을 경험한 적이 있는 사람이라면 누구나 알 수 있을 것이다.

잠시 꽃은 보석 구름처럼 소용돌이쳐 올라, 수정 물결 위에서 춤을 춘다고 생각하는 바로 그 순간, 환한 웃음소리와 함께 물이 흐르듯 사라져 간다. 어쩌면 이렇게 말하면서 가는지도 모른다.

---

086 꽃을 제물로 바치는 것
087 두 곳 다 벚꽃의 명승지임

"안녕, 봄이여. 우리는 영원을 향해 여행을 갑니다."

7장
다(茶)인(人)들

다인이 남긴 것

여러 예술에 대한 다인의 공헌

종교는 미래를 후원자로 삼고 있지만 예술에서는 현재야말로 영원한 것이다. 다인들은 예술을 생활 속에 살려냄으로써 비로소 진정한 예술을 맛보는 것이 가능했으며, 매일 매일의 생활을 다실에서 달성된 것과 같은 고도로 세련된 수준으로 유지하려 마음을 가다듬었다.

어느 때라도 평화롭고 조용한 마음을 유지하고, 대화는 그곳의 조화를 깨지 않도록 이끌어 나가지 않으면 안 된다. 의복의 문양이나 색, 동작 하나하나, 걸음걸이까지 모든 것에 걸쳐 그 사람이 갖고 있는 예술적 센스가 표현되는 것이다. 이러한 것들은 결코 경시해도 좋은 것이 아니다.

자기 자신이 아름다워지기까지는 아름다운 것에 가까이 다가갈 자격이 없다. 따라서 다인들은 예술가 이상의 것, 즉 예술 그 자체가 되려고 노력해야 했다. 이는 말하자면 미의식으로 승화된 선禪이었다. 완전무결한 것 따위는 발견하려

고만 하면 어디서든 발견하지만 그것으로는 충분치 않다. 센 노리큐는 즐겨 다음과 같은 옛날 노래를 인용했다.

"꽃만을 기다리는 사람들에게 보여주고 싶구나. 눈 덮인 산 속에서 싹을 틔우려 하는 풀 속에 숨어 있는 만개한 봄을." 후지와라 이에타카藤原家隆의 시

다인들의 예술에 대한 공헌은 실로 여러 가지였다. 그들은 당시까지의 고전적인 건축, 내부 장식 전체에 혁명을 가져왔으며 '다실'의 장에서 말했듯이 새로운 스타일을 확립했다. 이 스타일은 16세기 이후 궁궐과 사찰에 이르기까지 여러 건축에 영향을 주었다. 재능이 많았던 고보리 엔슈는 가쓰라 별궁桂離宮, 나고야名古屋 성, 니죠二條 성, 고호안孤篷庵 등에 비범한 재능의 흔적을 남겼다.

일본의 이름난 정원으로 불리는 것은 모두 다인들에 의해 설계됐다. 도예도 또한 다인들의 착상이 없었더라면 지금과 같은 고도의 수준에는 도달하지 못했을 것이며, 다도에 쓰이는 그릇 만드는 데 도예가들은 그 재능을 최대한 개화

시킬 수 있었던 것이다. 엔슈의 7요窯[088]는 일본 도예를 배우는 사람들에게 잘 알려져 있다.

더구나 이름난 직물도 그 색이나 문양을 고안한 다인들의 이름으로 불리는 것이 적지 않다. 실은 어떤 예술 분야를 보더라도 다인들의 재능이 남긴 형적이 남아 있지 않은 예는 거의 찾아보기 힘들다. 회화나 칠기에 있어서도 그들의 절대적인 공헌이 있었음은 말할 나위도 없다.

일본화에서도 최대의 유파 중 하나인 린파琳派는 다인 혼아미 고에쓰를 시조로 하지만 그는 또 칠기나 도예의 명인으로도 유명했다. 그의 작품 앞에 서면 손자인 고호光甫, 조카인 고린光琳, 겐잔乾山 등의 명품조차도 빛을 잃을 지경이다. 일반에게 린파라 불리는 이 유파의 작풍은 모두 다도의 표현이라고도 말해질 수 있다. 이 유파의 굵은 선에는 자연 그 자체의 활력이 넘쳐나는 것처럼 느껴진다.

---

088   엔슈가 좋아하던 다기의 7군데 산지

생활 속의 여러 예법에 다인들이 끼친 영향

이처럼 다인들이 예술의 여러 분야에 남긴 영향이 매우 크기는 했지만 그들이 실제 생활의 여러 예법에 끼친 영향의 깊이에 비하면 아무것도 아니다. 상류사회의 관습만이 아니라 일상의 자질구레한 것에 이르기까지 다인의 존재를 느낄 수 있다. 여러 가지 섬세한 요리나 그 요리의 접대 방법은 대부분 다인들이 발명한 것이다.

수수한 색조 배합의 의복만 입도록 한 것이나, 꽃을 접할 때는 될 수 있는 대로 마음가짐을 바로 하도록 가르친 것도 다인이었다. 그들은 우리가 태어나면서 가지고 있던 간소함에 대한 취향을 중시하고 겸허함의 아름다움을 보여주었다. 이러한 여러 가르침에 의해 차는 매일 매일의 일상에 스며들어 있는 것이다

인생이라 불리는 이 어리석은 수고로움과 고통에 가득 찬 바다를 어떻게 건너면 좋을지 그 비결을 모르는 사람은, 겉으로는 행복으로 충만한 사람처럼 보일지 몰라도 실은 늘 비참한 상태에서 허덕이고 있다. 우리는 무엇인가 정신의 평형을 지키려 고투하고 있지만 가는 곳에 떠 있는 검은 구름에는 폭풍의 조짐이 담겨 있다.

그러나 그래도 아직은 영원을 향해 나아가는 큰 파도의 너울 속에는 기쁨도 있고, 아름다움도 있다. 그렇다면 왜 이 큰 파도의 영혼에 동화되지 않는가? 혹은 중국의 열자列子처럼 폭풍 그 자체에 올라타 함께 가지 않는 것인가?

다인의 죽음

아름답게 살아온 사람만이 아름답게 죽는다

아름답게 살아온 사람만이 아름답게 죽을 수 있다. 위대한 다인들의 마지막은 그 인생과 마찬가지로 매우 세련된 것이었다. 늘 우주의 큰 섭리와 조화되는 것을 추구해온 그들은 어떠한 경우에도 미지의 세계로 여행 갈 각오를 하고 있었다. '센노리큐의 마지막 차' 이야기는 비극적 위대함의 극치로서 언제까지나 전해질 것이다.

센노리큐와 도요토미의 교우는 오래된 것이며, 이 위대한 무장은 다인에게 높은 신뢰를 보여 왔다. 그러나 전제 군주의 우정이라는 것은 늘 위험을 내포한 명예다. 당시는 배반이 횡행하던 시대이며 아무리 가깝고 친한 사람이라도 신뢰할 수 없던 세상이었다.

그러나 센노리큐는 노예근성이 있는 부하가 아니었기 때문에 성품이 거친 후원자와도 의견이 다르면 정면에서 논쟁하는 일이 자주 있었다. 그리하여 때로는 두 사람 사이에 서먹서먹한 일도 있었고, 이를 센노리큐의 적이 이용해 도요토미를 독살하려는 음모에 센노리큐가 가담했다고 참소했던 것이다.

다인이 말차에 치사량의 독을 넣으려 한다는 말을 도요토미에게 속삭인 자가 있었다. 도요토미의 의심을 산 것만으로도 충분히 즉각 처형될 만한 일이었으며, 화가 난 지배자의 생각을 바꿀 수 있는 것은 전혀 없었다. 처형을 받을 자에게 주어진 유일한 은전은 자결의 명예였다.

잘도 왔구나, 영원의 칼이여

자결키로 정한 날, 센노리큐는 주요 제자들을 최후의 다회에 불렀다. 손님들은 슬픔에 젖은 채 약속 시간에 마치아이에 모였다. 그들이 정원의 로지를 바라보니 나무들은 몸을 떨고 있고, 잎들이 서로 부딪치는 소리에 섞여 잠들 곳을 잃은 망령들의 속삭이는 소리가 들려오는 듯 했다.

회색의 석등이 서 있는 모습은 황천의 성문을 지키는 음울한 파수꾼처럼 보였다. 이윽고 다실에서 진기한 향 내음이 날아와 손님들이 들어오기를 재촉했다. 그들은 한 사람 한 사람 앞으로 나가 자리에 앉았다. 도코노마에는 걸개그림이 하나. 옛날 스님이 쓴 멋진 글로 이 세상 사물의 헛됨을 설파한 것이었다.

화로에 올려진 솥에서는 물 끓는 소리가 들려오고 있었지만, 이는 어쩌면 다 간 세월을 아쉬워하는 매미소리처럼 들렸다. 이윽고 주인이 방에 들어왔다. 손님 한 명 한 명에게 차를 타주고, 모두가 마시고나자 마지막으로 주인 스스로 최후의 잔을 마셨다.

정해진 예법대로 정객正客[089]이 다구를 보여 달라고 청하자, 센노리큐는 손님들 앞에 여러 가지 물건을 걸개그림과 함께 늘어놓았다. 손님들이 모두 물건의 아름다움을 칭찬하자 센노리큐는 이것들을 각자가 볼 수 있도록 나누어 주었다. 그러나 찻잔만은 자기 앞에 두었다.

그리고 "이 찻잔은 불행한 운명을 진 사람에 의해 더럽혀졌기 때문에 두 번 다시 다른 사람이 이용해서는 안 된다"고 말하면서 산산이 부셔버렸다.

다회가 끝나자 손님들은 필사적으로 눈물을 참으며 최후의 이별을 고하고 방을 나섰다. 가장 가까웠던 사람 단 한 명이 남아 마지막을 지켜봐 달라고 청했다. 센노리큐는 다회의 옷을 벗어 다다미 위에 단정히 접어놓고, 지금까지 감춰두었던 순백색의 자결 복장으로 갈아입었다. 그리고 단도의 번쩍이는 칼날을 지긋이 바라보더니 다음과 같이 세상을 하직하는 멋진 시를 읊었다.

089　손님들 중 대표

잘도 왔구나,
영원의 칼이여.
부처를 찌르고
달마도 찌르고
너는 너의 길을 열어 왔다.

얼굴에 미소를 띤 채 센노리큐는 미지의 세계로 여행을 떠났다.

저자 소개

일본의 미에 심취한 자유인, 오카쿠라 덴신

저자 오카쿠라 덴신岡倉天心; 1862~1913은 인간적으로도 매우 다채롭고 흥미로운 경력을 가졌던 사람이다.

그는 도쿠가와 막부 말기인 1862년 에치젠후쿠이越前福井 번 하급 무사의 아들로 요코하마橫浜에서 태어났다. 본명은 가쿠조角藏[090]였으며 덴신은 호다. 그의 아버지는 비록 하급무사이기는 했지만 당시로서는 막 개항한 일본 최대의 무역항 요코하마에서 번이 운영하는 무역상을 책임지고 있었다.

따라서 그는 어렸을 적부터 서양 문물을 직접 맛보며 자랐다. 더구나 6살 때부터 미국인에게 영어를 배워 평생 영어를 거의 제2의 모국어처럼 사용할 정도였다. 그가 「차 이야기」를 아름다운 영어로 쓸 수 있었던 것도 바로 이 때문이며, 영어로 많은 시도 지었다고 전해진다.

---

[090] 후에 角三로 개명

그러나 영어만 배운 것은 아니다. 영어를 배우는 한편, 절에서 스님으로부터 불교와 한문을 배워 훗날 그가 도교와 선에 빠지는 토대가 되기도 했다.

부친이 작고한 후 도쿄로 이주한 그는 11살 때 도쿄외국어학교에 입학했으며 13살에 도쿄가이세이東京開成학교에 들어갔다. 다음해 이 가이세이학교가 도쿄대학으로 바뀌면서 그는 14살의 나이로 현 도쿄대학 제1기생이 됐다.

대학에 입학한 다음해인 1878년 그의 운명을 바꿀 커다란 만남이 기다리고 있었다. 미국인 어네스트 페노로사[091]를 만난 것이다. 페노로사는 미국 하버드대학에서 철학을 공부한 청년 교사로, 도쿄대 초청으로 일본에 건너와 학생들에게 정치학, 철학사, 경제학 등을 가르쳤다.

그는 여가를 이용해 일본 고미술을 수집하기 시작했다. 처음에는 취미로 시작한 것이었지만 시간이 지나며 고미술 수집이 본업처럼 돼버렸고, 영어에 능통했던 오카쿠라가 그를 돕게 된 것이다. 당시에는 일본 전통미술에 그다지 큰 조예가 없었던 오카쿠라도 곧 일본 전통미술에 흠뻑 빠져 들

---

091 1853~1908; 도쿄예술대학 전신인 도쿄미술학교 교수로서 일본 근대미술 발전에 기여했다

었다. 원래 정치나 외교 쪽으로 나갈 생각이었던 그는 이런 영향으로 방향을 미술로 완전히 바꿔 버렸다. 그의 대학 졸업 논문도 '미술론'이었다.

이미 16살에 결혼해 아들까지 두었던 그는 대학 졸업 후 문부성에 들어갔다. 비록 18살의 나이였지만 개화기 일본에서 도쿄대학 1회 졸업생인 그는 최고의 엘리트였다. 문부성에 들어간 지 1년 후 전문학무국專門學務局에서 미술 행정을 담당하게 됐다. 물고기가 물을 만난 것이다.

당시 신생 일본은 미술과 관련, 전통미술을 키워 나갈 것이냐 서양미술을 키워 나갈 것이냐를 놓고 크게 대립돼 있었다. 오카쿠라는 당연히 전통미술 쪽이었다. 그는 스승 페노로사와 함께 전통미술 발전을 위해 크게 노력했다. 그는 서양미술 추진파와 각종 논전을 벌이며 서예를 미술의 한 분야로 편입하고, 초등학교 교육에 연필화 대신 모필화를 도입하는 등의 성과를 거뒀다. 1884년에는 일본 국보를 지정하기 위한 본격적인 조사 활동을 시작했으며 국립박물관 개조와 미술학교의 건립에 착수하기도 했다.

이런 준비를 위해 1886년 약 1년간에 걸쳐 유럽을 시찰할 기회를 가졌다. 그는 유럽의 각종 박물관과 미술관 등을 돌아다니며 서양 미술을 마음껏 접할 기회를 가질 수 있었지만, 이에 못지않게 일본 미술이 세계에도 통할 수 있다는 신념을 굳히는 계기가 되기도 했다.

귀국한 오카쿠라는 마침내 1889년 도쿄미술학교[092]를 건립했고, 여기서는 오로지 일본 전통미술만을 가르치도록 하는데 성공했다.

1893년에는 중국으로 건너가 동양 예술의 근원을 찾아 헤맸으며, 특히 이 시기에 도교의 노장 사상을 만나 깊이 빠져 그 후 그의 인생관, 예술관에도 큰 영향을 미쳤다.

그러나 이 중국 여행을 기점으로 일본 내에서 오카쿠라의 영향력은 쇠퇴 일로를 걷기 시작했다. 서양미술 추진파의 힘에 밀려 도쿄미술학교에도 서양화과가 설치되었다. 더구나 사생활에 있어서도 계모의 조카와 사이에 사생아를 낳아 커다란 스캔들을 일으키기도 했다. 이런 저런 일로 도쿄미술학교에서 정직을 당한 그는 민간 미술단체인 일본미술원을 창설, 여전히 서양미술 추진파에 대항했으나 상황은 그에게 호의적이지 않았다.

---

[092] 현재의 도쿄예술대학 미술학부의 전신

오카쿠라는 이런 상황에 실망, 1901년 인도 여행을 떠났다. 시인 타골과도 만나 교우를 쌓은 그는 여기서 인도의 정신성에 흠뻑 빠졌다. 그의 생각에 동양은 서양보다 후진국이 아니었다. 이런 그의 신념이 응축돼 이 시기에 출간된 것이 바로 그의 대표작 중 하나인 「동양의 이상東洋の理想」이다.

다음해 귀국한 그는 일본 기타이바라기北茨城의 이즈라五浦에 은거한다. 이곳에서 그는 낚시로 나날을 보내며 잠시 세상일을 잊고 노장 사상에 흠뻑 젖어 지냈다.

그해 말 그는 다시 미국 여행을 떠난다. 보스턴 미술관에서 소장 일본 미술품 목록을 작성하는 일을 맡는 한편, 그곳 사교계에도 진출하여 많은 지인을 얻었다. 그는 몇 년에 걸쳐 일본과 보스턴을 왕복하는 가운데 일본 문화의 정신을 본격적으로 서양에 소개해야 한다는 사명감을 느끼게 됐다. 드디어 그는 「차 이야기」 저술에 착수해 1906년 뉴욕에서 이를 출간, 서양의 엄청난 호평을 받기에 이른다.

그 후에도 그가 만든 일본미술원의 재정상태가 악화되고, 스승 페노로사와 친하게 지내던 미술인들이 차례차례 사망하는 등 일본 국내에서의 사정은 좋지 못하자, 그는 빈번히 미국을 비롯 중국, 인도, 동남아 등을 여행하며 흡사 망명자와도 같은 생활을 보냈다.

이런 가운데서도 41살의 나이로 바네르지라는 인도 여성과 열렬한 연애에 빠져 일대 센세이션을 일으키기도 했으며, 말년에는 유일한 본격 문학작품이라고 할 수 있는 시극 「하얀 여우」白狐, 일명 북극여우 를 저술해 세상을 놀라게 하기도 했다.

40대 중반 이후 건강이 서서히 나빠진 그는 1913년 9월 2일 51살의 나이로 숨을 거뒀다.

GUIPARANG CLASSIC 007

오카쿠라 덴신
(岡倉天心·1862~1913)

일본 미술운동의 지도자이자 문명 사상가.
무역항 요코하마(橫浜)에서 태어나 어릴 적부터 서양
문물을 대했고, 일찍이 영어를 익혀 제2의 모국어나
다름없었다. 도쿄대학 졸업 후 문부성 관리가 되어
1889년 도쿄미술학교(현재의 도쿄예술대학 미술학부)를
설립했다. 1893년 중국으로 건너가 동양 예술의 근원을
찾아 헤맸으며, 도교의 노장 사상에 깊이 빠졌다.
1904년 미국 보스턴미술관 동양미술 부문 책임자로
일하며 동양의 전통문명을 퍼트리는 데도 힘을 쏟았다.

옮긴이
이동주(李東柱)
1953년 충남 천안에서 태어나 서울대 사회학과를
졸업했다. 〈경향신문〉기자로 언론계에 첫발을
디딘 이래 편집국 사회부, 정치부, 국제부 기자를 거쳐
일본 특파원, 아주 본부장, 논설위원 등을 지냈으며
〈일요신문〉편집국장으로 일하기도 했다.
역서로『한자문화 어디로 가는가』『인생론 노트』
『학문을 권함』(기파랑)이 있다.